AMELIE

TRAGI-COMEDIE.

E ROTROV

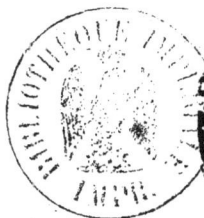

A PARIS,

z ANTHOINE DE SOMMAVILLE, au Palais,
dans la petite Salle, à l'Efcu de Erance.

M. DC. XXXVIII.
AVEC PRIVILEGE DV ROY.

Extraiſt du Priuilege du Roy.

Ar grace & Priuilege du Roy donné à Paris le 7. Feurier, 1637. Signé, Par le Roy en ſon Conſeil. DE MONÇEAVX, Il eſt permis à ANTHOINE DE SOMMAVILLE, Marchand Libraire à Paris, d'imprimer ou faire imprimer, vendre & diſtribuer vne piece de Theatre, intitulee *Amelie Tragi-comedie de Monſieur de Rotrou,* durant le temps & eſpace de neuf ans, à compter du iour qu'elle ſera acheuee d'imprimer. Et deffences ſont faittes à tous Imprimeurs, Libraires, & autres de contrefaire ladite piece, ny en vendre ou expoſer en vente de contrefaicte, à peine de trois mil liures d'amande, de tous ſes deſpens, dommages & intereſts, ainſi qu'il eſt plus amplement porté par leſdites Lettres qui ſont en vertu du preſent Extraict tenuës pour bien & deuëment ſignifiees, à ce qu'aucun n'en pretende cauſe d'ignorance.

Acheué d'Imprimer pour la premiere foiſ, le 23. iour de Nouembre mil ſix cens trente ſept.

ACTEVRS.

AMELIE,   maiſtreſſe de Dyonis.

DIONIS,   ſeruiteur d'Amelie.

ERANTE,   ſœur d'Amelie.

LISIDAN,   ſeruiteur d'Erante.

ERASTE,   Corriual de Dyonis & ſeruiteur
               de Cloris.

CLORIS,   maiſtreſſe d'Eraſte.

LE PERE,

DORISE,   ſuiuante d'Amelie.

EMILLE,   Cappitan.

LE VALET.

AMELIE.

TRAGI-COMEDIE.

ACTE I.

SCENE PREMIERE.

AMELIE damoiselle, DORISE confidente.

AMELIE.

E T bien veux-tu sçauoir l'estat de ma fortune?
I'accorde ce discours à ta plainte importune,
Et ie vais t'auoüer sur le bord de ces eaux
Ce que ie ne voulois reueler qu'aux oyseaux:
Mais quand tu cognoistras vne ardeur si secrette
Sois prudente Dorise, ou que ie sois muëtte.
Tu gouuernes ma vie & mon affection

A

AMELIE.

Dependra deſormais de ta diſcretion,
Scais-tu de Dionis le merite & la grace,
Crois-tu qu'en l'vniuers vn autre le ſurpaſſe?

DORISE.

C'eſt luy que vous aymeʒ.

AMELIE.

Ie meurs ſous ſes attraits
L'amour m'a decoché le plus beau de ſes traits
A ſes loix ma raiſon à rendu ſon vſage,
Et me fait adorer eét aymable viſage,
Et iamais vn tel coup n'eſt party de ſes mains
Depuis qu'il a du droiét ſur le cœur des humains.

DORISE.

Ceſt vn aymable obiet

AMELIE.

Que ce mot me contente!

DORISE.

Mais Eraſte?

AMELIE.

Il nourrit vne inutile attente
Et ie hay ſa memoire, alors que Dionis,
Preſente à mes regards ſes charmes infinis.

DORISE.

Il plaiſt à voſtre pere

AMELIE.

Ouy, mais ſon auarice,
Me doit-elle ranger, au gré de ſon caprice:

DORISE.

Il considerera sa fortune, & son bien :

AMELIE,

A t'il droit sur mon cœur, si ie n'y peux plus rien ?

DORISE.

Vous sçauez son humeur

AMELIE.

Dieux qu'elle est importune,
Qu'elle m'a faict de fois detester ma fortune ;
Il rompt tous mes desseins, & sa seuerité
Tient (ouy ie le diray) de l'inhumanité
Il met toute sa ioye à trauerser la mienne
Il souffre seulement qu'Eraste m'entretienne
Eraste qui me rend des deuoirs superflus,
Et qu'entre les humains ie deteste le plus !
Dure necessité que la crainte des peres !
Que la nature oblige à des règles seueres !
Qu'vne fille languit sous de fascheuses loix !
Et que pour vn seul estre on nous l'oste de fois !
Mais que doit obseruer vne fille amoureuse ?
En moy l'amour rencontre vne ame genereuse,
Mon sexe, mon respect, ny ma condition
Ne me feront iamais trahir ma passion :
Vn vainqueur si puissant à mon ame asseruie,
Qu'il faut qu'on me le donne, ou qu'on m'oste la vie.

DORISE.

Donc il vous ayme aussi ?

A ij

AMELIE.

Si ces veux ne font faux,
Et fi comme fon corps fon ame eft fans deffaux
Ie n'ofe toutesfois confeffer que ie l'ayme,
Alors qu'il m'entretient de fon amour extréme;
La conftance eft fi rare, & l'artifice eft tel
Qu'on ne peut s'affeurer en l'efprit d'vn mortel;
Souuent la trahifon fe mafque d'apparences
Qui forcent nos froideurs & nos indifferences
Puis, tel nous tient, enfin, que nous ne tenons plus,
Et l'ayant accepté nous fouffrons fes reffus

DORISE.

Croyez vous Dionis capable de ce vice,

AMELIE.

Peu d'entre les amants font exempts d'artifice,

DORISE.

Madame vn bon efprit n'a point ces qualitez
Ne fondez point de peur fur ces difficultez :
Preuoyons feulement à forcer leurs obftacles,

AMELIE.

Ne peux-tu rien pour moy

DORISE.

Ie feray des miracles
Et ie rendray vos vœux, moindres que vos plaifirs
Si mes inuentions égalent mes defirs,

AMELIE.

Tu me promets beaucoup?

DORISE.

Rien, que ie ne vous tienne;

AMELIE.

Quelle bonté, Dorise, est pareille à la tienne?

DORISE.

Ie vous dois tous mes soins : il faut premierement
Vous declarer de sorte a cét aymable amant,
Qu'il ne puisse endurer iusqu'à la violence
Et qu'il ne soit pas vain, iusques à l'insolence
Qu'il ne puisse ignorer vostre amoureux soucy
Et qu'il n'ait pas raison de s'en vanter aussy;
I'en sçay l'inuention, quand selon sa coutume
Il viendra vous parler du feu qui le consume.

AMELIE.

Ie l'attends en ce lieu, si cet obiet charmant
Y peut par ton moyen entrer secrettement,
Car mon pere croiroit;

DORISE.

C'est assez, & i'espere
De luy faire euiter les yeux de vostre pere,
Ecoutez seulement; le voyant arriuer
Couchez vous sur ces fleurs, & feignez de resuer,
Dittes que son merite à vostre ame rauie,
Que vostre impatience egale son enuie,
Et que vous n'aspirez qu'apres l'heureux moment
Qui doit ioindre vos fers & finir son tourment;
Apres, l'ayant flatté sur le point qui le presse

A iiij

Comme vous eueillant, blafmez, fa hardieffe,
Et s'il vous redit tout, refpondez qu'en refuant
Tout ce qu'on s'imagine eft de l'air & du vent;
Temoignez par vos yeux vn peu d'indifference,
Si bien qu'il ait fuiet de crainte, & d'efperance;
Alors, vous le verrez en d'eftranges accez,
Et là fa paffion prouuera fon excez.

AMELIE　feule.

Que ton experience en ce point m'eft vtile,
Va l'attendre à la porte

DORISE.

Adieu

AMELIE.

　　　　　　　　　　Qu'elle eft fubtile,
Que fon cœur s'eft fouuent exercé là deffus;
Et qu'on fçait bien aymer, quand on ne le peut plus!
Ces vieilles dont l'humeur eft fi trifte & fi noire,
Et qui n'ont plus d'amour qu'en la feule memoire:
Par leur experience ont treuué des refforts
Dont les effets diuers excedent nos efforts;
Leur pouuoir abfolu regit nos deftinees
Auance nos amours, ou rompt nos himenees.
Leur fçauoir diuertit des malheurs apparens
Elles nous monftrent l'art d'abufer nos parens,
Elles font incliner leur humeur à la noftre,
Efloignent vn amant, font approcher vn autre,
Tout cede à leur efprit, il inuente des traits,

Plus forts que ceuex d'amour, & que tous nos attraits;
Mais ie voy cét obiet dont mon ame est atteinte,
Feignons de reposer, amour, condui la feinte.

SCENE DEVXIESME.

DIONYS, DORISE, AMELIE,

DIONYS.

MAis, si ie l'importune?

DORISE.

Elle me l'a permis,
Voyez, si ie sçay bien obliger mes amis?
Voyez ce que ie rends à vos rares merites,
Puisque ie la dispose à souffrir vos visites,
Elle m'a discouru de vostre affection
Sans découurir pourtant son inclination,
Et si son cœur est froid autant que ses parolles,
Vostre esperance est vaine, & vos peines friuolles,
Ie suis fort abusee, ou souffrant vos discours,
Tout le dessein qu'elle a c'est de charmer les iours,
Le temps faict toutesfois tant de metamorfoses,
Et les filles d'ailleurs, reseruent tant de choses,
Que peut estre on verra son esprit adoucy,
Ou que desia le temps en a pris le soucy;

AMELIE.

Nous la treuuerons seule, au pied de la fonteine,
Elle me l'a promis auec beaucoup de peine,
Qu'il entre (à t'elle dit) car tu peux tout sur moy.

DIONYS.

Que ie te suis tenu.

DORISE.

Venez, ie l'apperçoy;

DIONYS.

Ne faisons point de bruit,

DORISE.

Comment?

DIONYS.

Elle repose,
Vn sommeil gracieux tient sa paupiere close,
Voy, comme en tous ces lieux, les Zephirs sont fâchez
Et murmurent de voir ces deux astres cachez :
Vois-tu comme priué de leur douce lumiere,
Ce iardin l'est aussi de sa beauté premiere?
Vois-tu comme ces fleurs ont perdu leurs appas,
Pource que leurs soleils, ne les regardent pas?
Voy l'herbe sans vigueur: mais que i'ay d'imprudence
Ie sçay mal au besoing, obseruer le silence,
Retirons nous sans bruit.

DORISE.

Retirons.

AMELIE feignant de dormir.

Dionys,

DIONYS

DIONYS.

O Dieux; i'ay trop parlé!

AMELIE.

Quand serons nous vnis.

I'ay perdu mon soucy, toute ma deffiance,
Et ie ne doute plus de ton impatience.

DORISE.

Elle repose encor.

DIONYS.

O Dieux! qu'ay-ie entendu?

AMELIE.

Le Ciel t'accordera le bon heur qui t'est deu,
Les astres à l'enuy nous combleront de ioye,
Leur bonté nous prepare vne trame de soye:
Nos vœux s'accompliront, & iamais deux amants
Ne furent plus heureux apres moins de tourments.

DIONYS.

O discours fauorable!

DORISE.

Ecoutons;

DIONYS.

O Dorise,
Qu'en cét heureux moment le Ciel me fauorise.
Si ce diuin sommeil n'est vne illusion,
S'il luy dicte ces mots à mon occasion.

DORISE,

I'en coniure le Ciel.

AMELIE.

AMELIE.

AMELIE.

Donne vn mot de response
Au fauorable arrest, que ma voix te prononce,
Quoy? tu ne respons rien aux vœux que ie te faits?
Point de remerciements apres tant de souhaits.
Tu monstrois tant de crainte, & tu vois l'esperance,
Qui luy doit succeder, d'vn œil d'indifference,
Tu ne reputes pas ton destin bien-heureux,
Leue les yeux au moins, & responds moy par eux;

DIONYS.

O fauorable songe!

DORISE.

Il est à vostre gloire,
Vous deuez, puissamment occuper sa memoire,
Autrement le sommeil ne luy fourniroit pas,
Vn pourtrait si puissant de vos rares appas.

AMELIE.

O Dieux! quel changement arriue à ma fortune,
Dionys est le sourd & ie suis l'importune,
I'estois sourde iadis, quand tu me demandois,
Et tu l'es maintenant, pource que tu me dois,
Dionys, (mon soucy) quoy rien à ma priere,
Ta voix n'at'elle plus sa douceur coustumiere?
Ton vnique dessein fut-il de m'émouuoir,
Et te contentes-tu d'auoir eu ce pouuoir:
Helas! parler à moy, c'est parler à toy mesme,
Et tu n'en peux douter, si tu crois que ie t'ayme.

La contrainte est honteuse, & c'est un vain tourment,
A ceux en qui l'amour preside egalement :
Ce dieu ne deffend rien, de toutes les pensees
Où les honnestes mœurs ne sont point offensees,
Et ie ne deffends point, tout ce qui t'est permis,
Par ce Dieu, si propice, & doux à ses amis.

DIONYS.

Que puis-ie apres ces mots entendre qui me plaise,
Tous mes sens sont rauis d'étonnement, & d'aise,
Mais las! dois-ie esperer ?

AMELIE, feignant de s'esueiller.

O Dieux! qui parle icy?
Quoy? c'est vous Dionys? on me respecte ainsi.

DIONYS.

Ne me souffrez iamais, si vous croyez (Madame)
Que ma discretion soit moindre que ma flame,
Ie tremble, ie pallis, à vostre seul obiect,
Et ie perdray le iour, plustost que le respect;
I'allois parmy ces fleurs égarer mes pensees,
Voyant sur vos beaux yeux leurs paupieres baissees :
Mais;

AMELIE.

Quoy mais.

DIONYS.

Ie me tais, car ie n'ose esperer,
Que le bien de vous voir, et de vous adorer;

B ij

AMELIE.
AMELIE.

Acheuez, ie le veux,

DIONYS.
Dorise;

AMELIE.
Non vous mesme,

DIONYS.

Mais vous m'accuserez d'vne impudence extreme;
Vous parliez en resuant, vous flattiez mon soucy,
Et ie n'espere plus, que vous parliez ainsi;

AMELIE.

Qu'ay-ie dit? acheuez.

DIONYS.

Ce mot est sans deffence.
Mais vous me blasmeres, de mon obeissance:
I'obeys toutefois : ie m'esloignois de vous,
Chassé par vn sommeil si profond, & si doux:
Quand mon nom proferé par vostre belle bouche,
M'a faict plus inimobile, & plus froid qu'vne souche;
Malheureux, (ay-ie dit) i'ay rompu son repos.
Lors vous auez, Madame, adiousté ces propos,
Quand seront nostre attente, & nos peines finies?
Quand seront Dionys, nos deux ames vnies?
Tu plais seul à mes yeux, mon cœur est adoucy,
Ie cognois ton amour, & ie la sens aussi.
Responds à mes discours, tant de respects m'offence,
Prouue moy ton ardeur, par ta resiouissance,

Ie ſouffriray (mon cœur) ces innocens plaiſirs,
Que ie ne peux deffendre à tes chaſtes deſirs;
Mais qu'eſtoïét ces propos, que d'aymables menſonges?
          AMELIE   s'en allant.
Ie reſuois Dionys, & tous ſonges ſont ſonges;

SCENE TROISIESME.

ERASTE,   AMELIE,

DIONYS, DORISE,

ERASTE.

IE vous nuis en ce lieu?
                AMELIE.
                          Non pas fort.
            ERASTE.
                              Toutefois
Mon abord vous ſepare, & vous oſte la voix.
            AMELIE.
C'eſt que nous vous craignons;
            ERASTE.
                    Ouy, comme vn miſerable,
A qui vous déniez vn regard fauorable,
Qui bleſſe à ſon abord, qu'on ne veut point guerir,
Qui naſquit pour déplaire, & qui vit pour mourir.
                              B iij

AMELIE.

L'agreable entretien;

ERASTE.

Pareil à ma fortune,
Il ne part rien de moy, qui ne vous importune,
Vous fuyez tous les lieux où ie dreſſe mes pas,
Et ſi ie charmois tout ie ne vous plairois pas.

AMELIE s'en allant.

On m'attend au logis.

SCENE QVATRIESME.

ERASTE, DIONYS.

ERASTE.

IL faut qu'on vous admire,
Si quelqu'vn eſt puiſſant en l'amoureux empire;
Seul vous ſçauez charmer les obiets les plus doux,
Ils vous eſtiment ſeul, tous leurs vœux ſont pour vous.
Les plus rares beautez vous rendent leur franchiſe,
Vous auriez captiué la maiſtreſſe d'Anchiſe
Et vous bleſſés des cœurs ſi doux & ſi diuers
Que vous aurez bien-toſt dépeuplé l'vniuers.

DIONYS.

Ce n'eſt pas mon deſſeing

ERASTE.

Non, mais de la nature
Qui vous fist preferable à toute creature
Elle a mis en vos yeux de superbes vaincueurs,
Qui sans intention trauersent tous les cœurs.

DIONYS.

Ie luy suis obligé.

ERASTE.

Vous aymez Amelie?

DIONYS.

Ie l'aüoüé.

ERASTE.

Et l'amour l'vn à l'autre vous lie,

DIONYS.

Ie ne l'estime pas.

ERASTE.

Se peut elle exempter,
D'aymer ce qui plaist tant? & qui peut tout dompter?

DIONYS.

Est ce tout?

ERASTE.

Ie dy peu, la voix mesme des Anges
Ne pourroit dignement celebrer vos loüanges.

DIONYS s'en allant.

Ie ne m'informe point de vos intentions,
Et le temps resoudra toutes ces questions.

Il s'en
va.

AMELIE.
ERASTE seul.

Traistre c'est à ce bras qu'appartient cét office,
Ie les resoudray seul, si le ciel m'est propice,
Et si ta lâcheté n'arreste le dessein,
Que i'ay, de t'arracher l'ame, & l'amour du sein.

ACTE II.
SCENE PREMIERE.

EMILLE soldat, LE VALLET.

EMILLE.

E T bien cher confident que t'a dit mon Aurore?
LE VALLET.
O qu'elle vous cherit & qu'elle vous honore
Comment, a t'elle dit; l'honneur de l'vniuers
La gloire & la terreur de ce siecle péruers
Ce Mars de qui la grace, & la valeur est telle
Choisit pour sa Venus, vne beauté mortelle.
O dieux le dois-ie croire & sans presumption,
Puis-ie auouër l'honneur de son affection?

EMILLE.

Mais sur tout, as-tu bien figuré mon courage?

C

Comme il fçait reprimer l'iniuftice, & l'outrage,
Et t'eft-il fouuenu du nombre des guerriers,
Dont le fang tous les iours arroufe mes lauriers?

LE VALLET.

Voftre efpee à m'ouyr n'auoit point de pareilles,
Ie n'ay craché que fang, i'ay raconté merueilles.
Ie vous ay mis au rang des premiers combattans,
Dont le ciel fe feruit, pour vaincre les Titans,
I'ay peint tout ce qu'a fait, cette dextre meurtriere,
Alexandre, & Cæfar gifants fur la poufßiere,
I'immolois tout le monde à l'honneur de vos faits,
En fin, i'en ay plus dit, que ie n'en creus iamais.

EMILLE.

Ignorant, dois-tu viure, apres cette infolence,
Eft-il quelque deffein plus grand que ma vaillance?
Me peux-tu reprocher que dans l'occafion
I'aye employé ce bras à ma confufion?
Si des Titans, iadis, ie n'ay vaincu la rage,
Peux-tu de ce malheur accufer mon courage?
Priué du bien du iour, comme i'eftois encor,
Pouuois-ie à l'vniuers rendre le fiecle d'or;
Et les dieux n'ont-ils pas differé ma naiffance,
Pour en donner la gloire à leur feule puiffance?
Depuis que ma grandeur tient l'eftre de leurs mains,
Se font-ils employez à punir les humains?

As-tu depuis ce temps veu tomber leur tonnerre,
Et rien, que mon épee a-t'il purgé la terre?
Croy, que tout l'vniuers parle de mes exploits,
Que cent fois ma valeur a faict trembler des Rois:
Mais ie discours en l'air, & iamais l'ignorance
N'a traitté la vertu, qu'auec irreuerence.

LE VALLET.

Ne m'entretenez point de tant d'exploits passez,
Dites que ie vous sers, & vous dirés assez
Aurois-ie offert mes soins, & mon courage extréme,
Qu'à la mesme vertu, qu'à la vaillance mesme;
Mais parlons de l'obiect de vostre affection,
Il reste encor vn poinct de ma commission.

EMILLE.

Quel?

LE VALLET.

La rare beauté dont vostre ame est charmee
Veut voir en vos écrits vostre amour exprimee,
Les lettres en amour parlent plus librement,
Et ne rougissent pas, comme vn honteux amant.
Par le mesme moyen, vous verrez figuree,
L'extreme affection qu'elle vous à iuree.

EMILLE.

Ay-ie appris l'art d'écrire? & né pour les combats,
Commettrois-ie à ma main vn office si bas?

C ij

Dois-ie perdre du temps, & vois-tu qu'il s'obserue
Vn commerce si vil entre Mars & Minerue?
Mon épee est ma plume, & ie signe de sang
La mort de qui s'attaque aux hommes de mon rang.

LE VALLET.

Vous deuez, toutefois, si vostre amour est telle,
Accorder toute chose aux vœux de cette belle,
Il faut faire vn miracle; & que ne peut l'amour,
S'il veut fauoriser les premiers de sa cour?

EMILLE.

Va choisir vne plume en l'vne de ses aisles,
Et i'en exprimeray mes passions nouuelles;

LE VALLET.

Où le rencontreray-ie?

EMILLE.

　　　　　　En mille & mille cœurs,
Qu'il rend passionnez de mes charmes vaincœurs;
En toutes les beautez à qui i'oste la vie,
En l'esprit de Filis, en celuy de Syluie,
Quoy depuis que sous moy tu respires le iour
Tu ne sçais pas encor où i'ay logé l'amour?

LE VALLET.

Et ce Dieu se voit-il?

EMILLE.

　　　　　　O l'ignorance extréme!
Des plaintes, des souspirs, vn œil mort, vn teint blesme
Des flammes, des respects, vn sensible tourment,

Sont l'amour ce me semble, assez visiblement.

LE VALLET.

Dieux! le plaisant visage, & comment sont ses aisles?

EMILLE.

Les aisles, ignorant, sont les souspirs des belles;
Mais ne m'enqueste plus, i'apperçoy Dionys,
Qui doit à ma valeur des plaisirs infinis,
Il peut fidellement ma passion décrire,
Et tracer en mon nom, tout ce que ie desire.

SCENE DEVXIESME.

LYSIDAN, DIONYS.

DIONYS.

QVe dis-tu cher amy de ceste inuention?

LYSIDAN.

Que tu peux esperer, & sans presomption.

DIONYS.

Encor qu'en iuges-tu?

LYSIDAN.

Que par là cette belle,
Nous apprend en amour vne ruse nouuelle.
De tout moyen possible on n'auoit autrefois
Pour découurir son cœur, que la plume, & la voix,

C iij

L'vn estoit difficile, on a peine à commettre
En vne seure main la charge d'vne lettre,
Il faut perdre du temps, prattiquer des vallets,
Et sur leur soing auare hasarder ses poulets,
On ne les peut gaigner sans peine, & sans despenses,
Toute leur seureté dépend des recompenses:
Les autres par la voix décourent leur tourmens,
Dieux! la fâcheuse voye à de honteux amants!
Quelque ardeur qu'on ressente, & quoy qu'on se pro-
    pose,
Le respect bien souuent nous tient la bouche close,
C'est aymer froidement, qu'exprimer son soucy
D'vn amour excessif le respect l'est aussi.
On le veut figurer, mais plus on le desire,
Et plus on sent aussi de contrainte à le dire;
Auiourd'huy nous auons vn moyen plus aysé,
Et dont personne encor ne s'estoit aduisé
On declare en dormant les secrets de son ame;
Il faut fermer les yeux pour descouurir sa flame,
On n'a point de contrainte, on ne perd point de pas
On ne despense rien, & l'on n'en rougit pas.

SCENE TROISIESME.

EMILLE, LE VALLET, DIONYS, LYSIDAN.

EMILLE les abordant.

IL les faut aborder. I'interromps vos penſees,
DIONYS.
Voſtre vnique ſuiet les auoit commencees,
Nous parlions de vos faits, nous contions vos com-
bats,
Et combien d'ennemis vous aueʒ mis à bas.
EMILLE.
Il ſeroit plus ayſé de conter les eſtoilles,
Dont la nuiĉt a brodé ſes ombrageuſes toilles,
Le ſable de la mer, les fueilles des foreſts,
Et les grains des épics qui dorent nos guerets;
Mais ie rencontre en fin d'ineuitables charmes,
Le vaincœur eſt vaincu, mon cœur met bas les armes,
La valleur eſt deffaite, & deux aſtres d'amour
Obligent mon courage à leur faire la cour.

LYSIDAN.
Quelle eſt cette beauté?

AMELIE.
EMILLE.
> Dieux l'obiect adorable!
Que vous allez iuger m'a deffaite honnorable!
Amelie,

DIONYS.
Amelie:
EMILLE.
> A causé mon soucy:
Ie meurs pour ses beaux yeux
DIONYS.
> Elle vous ayme aussi:
EMILLE.
S'en peut elle deffendre, & serois-ie moymesme,
Si ie n'estois aymé par vn obiet que i'ayme?
Moy, pour qui la fortune a d'extrémes bontez,
Et de qui les moyens ne sont point limitez:
Moy qui me rends heureux l'astre le plus seuere,
Sous qui la terre tremble, & que le ciel reuere,
Qui n'ay point d'ennemis, que le vice et la peur,
Qui ne luy fais point voir vn visage trompeur,
Et qui veux l'esleuer à la gloire suprême,
Dont on doit honorer les personnes que i'ayme.
DIONYS.
Elle vous doit beaucoup,
EMILLE.
> Mon sentiment est tel;
Mais que puis-ie adorer que cét ange mortel,

Est elle

Eſt-elle indifferente aux cœurs les plus barbares,
Puis-ie porter les yeux ſur des beautez plus rares?
Et la neceſſité d'aymer plus bas que moy,
N'excuſe t'elle pas, ſi ie vis ſous ſa loy;

DIONYS.

Elle a bien des appas;

EMILLE.

Cette belle m'oblige,

Ame meſler d'vn art, qu'en effect ie neglige,
Vne plume iamais n'a ces doigts exercez,
Et vous me ſeruirez, ſi vous m'aymez aſſez :
Ceſt adorable objet, dont mon ame eſt atteinte,
Veut voir en beaux diſcours ma paſſion depeinte;
Couchez en vn poulet, mais bien eleguemment,
Tout ce qui peut partir de l'eſprit d'vn amant,
Rendez à mon amour cét agreable office,
Et diſpenſez ma main de ce vil exercice;
Si quelque occaſion s'offre de vous ſeruir,
I'en ay faict vn deſſein qu'on ne me peut rauir.

DIONYS.

Que puis-ie dénier à la gloire du monde
Ce m'eſt vne faueur, qui n'a point de ſeconde,
Ce poulet acheué, ie l'apporte en ce lieu;

EMILLE.

Et quand ſera-il preſt?

D

AMELIE.

DIONYS.

Dans un moment.

EMILLE.

Adieu.

SCENE QVATRIESME.

DIONYS & LYSIDAN feuls.

DIONYS,

PEut-on prifer affez vne humeur de la forte?
Iamais vne manie à t'elle efté fi forte,
Qui n'auroit de l'amour pour vn femblable amant
Et qui ne cheriroit ce diuertiffement;
Mais que ie rentre toft en ma melancholie,
Ce riual importun fort de chez Amelie,
Son pere le conduit, efcoutons leur difcours.

SCENE CINQVIESME.

LE PERE, AMELIE ERASTE, DIONYS, LYSIDAN.

ERASTE.

PVisque vous m'ordonnez d'esperer du secours.
Ie souffriray, Monsieur, & ma perseuerance,
Forcera mon malheur, & son indifference,
Cet agreable obiet, à moins de cruauté,
Que de n'accorder rien à ma fidelité;

LE PERE.

Le temps peut tout changer, son enfance indiscrete,
Ne sçait ce qu'elle craint, ny ce qu'elle souhaitte,
La force en obtiendra le bon-heur, que ie veux,
Ou mon authorité gouuernera ses vœux;
Adieu, ne craignez rien, & dessus ma promesse,
Esperez du remede à l'ardeur, qui vous presse.

DIONYS.

O rigoureux arrest: qui me comble d'ennuis,
Que faut-il que i'espere, en l'estat ou ie suis,
Tous mes soings sont trahis, & son humeur auare
Dispose aueuglement d'vne beauté si rare,

Ils s'en vont. Dionys & Lysidan seuls.

D iij

Le vain éclat de l'or à ses yeux esblouys,
Et luy dictoit les mots que nous auons ouys.

LYSIDAN.

Esprouués la fortune, ou propice, ou cruelle,
C'est tout, si vous plaisez aux yeux de cette belle,
Estant bien en son cœur vostre sort est heureux,
Et l'or n'esblouit point un esprit amoureux :
Le ciel auec dessein à vos ames vnies,
I'ay souffert pour sa sœur des peines infinies,
Et i'ay desesperé de flechir ses parens,
Lors qu'elle m'a faict voir des yeux indifferends.
Mais depuis l'heureux iour, que son ame touchee
M'a découuert l'ardeur, qu'elle tenoit cachee,
I'estouffe mes souspirs, i'ay tousiours esperé,
Et sa possession, m'est un bien asseuré.

DIONYS.

Que ne m'est-il permis de parler de la sorte !
Que ie serois content ! mais on ouure sa porte
C'est elle, abordons-là.

SCENE SIXIESME.

DIONYS, LYSIDAN, AMELIE,

DIONYS continuë.

SI proche du trepas,
Qu'il ne me reste plus qu'vn moment, & qu'vn pas,
Ie viens offrir encor cét instant de ma vie,
A l'aymable beauté, qui la tient asseruie,
Ie viens pour souhaitter, en ce dernier moment
A vos chastes amours leur accomplissement.
Acceptez mon riual, donnez à sa fortune
L'honneur de respirer sous vne loy commune,
Riez auecque luy des maux que i'ay soufferts,
Dédaignez mon hommage, & méprisez mes fers;
Rendez le premier teint à son visage blesme,
Accordez toute chose à son amour extreme,
Ie meurs auec plaisir; & mon sort rigoureux
Ne m'est point importun, si le vostre est heureux;
Par de si beaux ennuis mon ame est combattuë,
Que mesme en la rendant ie benis qui me tuë,
Ie ne deteste point mon malheur apparent,
Et ie ne pousse point de souspirs en mourant.'

AMELIE.

D'où viendra Dionys vne mort si soudaine,
Vostre teint est si bon, & vostre voix si saine;
I'ignore de vos maux la naissance, & le cours,
Et ie peux toutefois répondre de vos iours.

DIONYS.

Il est encor aysé de conseruer ma vie,
Le bien de ma santé dépend de vostre enuie,
Mais ie n'espere pas cette felicité
De mon malheur extreme, & de vostre bonté;
Ie n'attends que la mort, & vostre obeissance,
Va, quand ie vous plairois, trahir vostre puissance;
Quoy que vous promissies à mon affection,
Vn pere forcera vostre inclination.

AMELIE.

On ne me force point.

SCENE SEPTIESME

ERANTE,   AMELIE,

DIONYS.   LYSIDAN.

ERANTE.

Courez viste à mon pere,

DIONYS.

Ainsi i'auray tousiours, la fortune contraire,
Elle n'accorde pas à mon cruel tourment,
La satisfaction de parler seulement.

ERANTE donnant vn mot de lettre à Dionys.

Ly, sois secret adieu, i'ay deux mots à vous dire.

LYSIDAN la suiuant.

Ie reuiens de ce pas.

DIONYS seul.

Que me peut-elle écrire?
Elle ayme Lysidan, & ie n'estime pas,
Qu'elle puisse autre part engager ses appas.

A DIONS.

Il lit la
lettre.

Tu perds temps Dionys d'adorer vne ingrate,
Qui se rit d'amour, & de toy,
Il faut qu'vn autre esprit te flatte,
Porte ailleurs tes vœux, & ta foy.

Il n'est pas mal-aysé de trouuer vne amante,
Qui te monstre plus de douceur,
Ne va pas loin, & croy qu'Erante
Est plus facile que sa sœur.

Oublie vne insensible, & superbe riuale,
Cesse de luy faire la cour,
Et te vante que rien n'égale
Tes merites, & mon amour;

DIONIS continuë.

Surpris, saisy, confus apres cette merueille,
Que i'ay d'occasion de douter si ie veille,
Qu'Erante, vn des obiets les plus doux de ces lieux,
Sur vn suiet si bas daigne ietter les yeux,
Au moindre des mortels presenta sa franchise,
Et mette à si haut pris ce que sa sœur mesprise,
Trahisse Lysidant, puis-ie sans vanité,
Imaginer ce mal de sa facilité?
Mais que ie treuue icy son ardeur manifeste,
Et pour n'estre pas vain, qu'il faut estre modeste,
Pouuoit-elle exprimer des termes plus expres,
L'effect inesperé, de quelques faux attraits,
Ou de quelque vertu, que l'auare nature,
A mise, en mon esprit seulement en peinture;
Dieux! m'a t'elle estimé capable d'aymer tant
La qualité de traistre, & celle d'inconstant;

SCENE HVICTIESME.

AMELIE, DIONYS.

AMELIE.

Q Voy vous viuez encor?

DIONYS.

DIONYS.

Il est vray que la vie,
Quand vous m'auez quitté, deuoit m'estre rauie.
Mais i'ay l'ame arrestee en des liens si forts,
Que malgré mon dessein elle anime ce corps;

AMELIE.

Dieux! que i'auoy de crainte, & que ma sœur m'en
donne!
Mon pere est au iardin, qui n'a mandé personne;
Que vous a telle dit

DIONYS.

rien

AMELIE.

Ie veux tout sçauoir,
Si mon respect sur vous obtient quelque pouuoir;

DIONYS.

Je n'ay rien entendu.

AMELIE.

Me taisant quelque chose
Vous ruinez vn bien, où mon cœur se dispose,
I'ay desia trop prié.

DIONYS.

I'en reçoy cét écrit;
Voyez combien vos vœux peuuent sur mon esprit.

AMELIE lit tout bas, puis dit.

C'est là bien clairement vous ouurir sa pensee,
Vous la deuez guerir, si vous l'auez blessee,

E

AMELIE.

Elle a des qualitez, dignes de vos desirs,
Et ie n'ay point dessein d'empescher ses plaisirs.

DIONYS.

Il vous est bien aysé de parler de la sorte,
Mais pour moy qui vous vouë vn amitié si forte:
Qui sçay ce que ie dois à des charmes si doux,
Qui ne suis icy bas, qu'à dessein d'estre à vous.
On ne me verra point, sans vn effort estrange,
Porter mes volontez à la honte du change,
Le ciel m'auroit osté mon premier sentiment,
Je n'aurois plus de moy, que le nom seulement,
Et vous aurez perdu ces adorables charmes
Et ces rares vertus à qui tout rend les armes.
Si vous sentiez les coups de ces astres vaincueurs,
Ou si comme les dieux vous lisiez dans les cœurs,
Vous verriez clairement la veritable peine,
Qui peut estre à vos yeux est encore incertaine,
Ils donneroient des pleurs à mon cruel tourment,
Vous n'y pourriez songer qu'auec étonnement.
Ie sçay la qualité de l'obiet ou i'aspire,
Et cette cognoissance augmente mon martyre,
Je ne possede rien que l'on puisse estimer,
Le ciel m'a dénié tout ce qui fait aymer
Il ne m'a iamais veu, que d'vn œil de cholere
L'amour est nud chez moy, comme au sein de sa mere,
Et ie n'ose parler de mon affection
Quand ie porte les yeux sur ma condition.

Ie releue pourtant, d'vne puiſſance telle,
Qu'elle a mis en mon cœur vne flamme immortelle,
Rien ne peut m'empeſcher d'aymer voſtre beauté,
Et ie ne puis forcer cette neceſſité.

AMELIE.

En fin, c'eſt trop cacher vne ardeur ſi preſſante,
Et ie doy de l'eſpoir à ſa flame innocente.
Eſpere mon ſoucy, ta peine aura ſon prix,
Et mes yeux, les autheurs de ta priſe, ſont pris.
I'ay ſondé ton eſprit, i'ayme ce que i'y treuue,
Et cette affection t'eſt vne heureuſe preuue,
Ie te prefere à tout, viens demain en ce lieu,
En ſçauoir dauantage, & ſois diſcret, adieu.

DIONYS ſeul.

Honorez moy d'vn mot, & d'vn moment encore,
Que ie baiſe vos pas, & que ie vous adore.
O diſcours fauorable, ô trop heureux amant !
Eſt-il rien de pareil à ton contentement.

SCENE HVICTIESME.

LYSIDAN, DIONYS.

LYSIDAN prenant congé d'Erante.

A Dieu, demain ſans faute,

Il par-
le à
Dyo-
nis.

O Dieux que ta maiſtreſſe,
N'a telle autant de part en l'ardeur qui te preſſe,
Qu'on porteroit d'enuie à ta proſperité;
Et qu'Erante a pour moy d'amour & de bonté;

DIONYS.

Parlez vous de bon ſens?

LYSIDAN.

Ouy ſi i'en ſuis capable,
Et ſi l'on peut treuuer vn amant raiſonnable;

DIONYS,

Elle vous ayme encor?

LYSIDAN.

Ie n'en ſçaurois douter,
Elle m'en aſſeuroit au point de la quitter:
Elle eſtimoit la loy, ſous qui l'amour nous range,
Et ie tiens ſon eſprit incapable du change
Mais quel ſuiet vous porte à m'enqueſter ainſi?
Et tenir pour ſuſpect ſon amoureux ſoucy?

DIONYS.

Voyez bien le ſujet;

LYSIDAN   ayant leu la lettre.

Ay-ie des yeux fidelles,
Et dois-ie ſoupçonner ce miracle des belles;
Quoy, l'arreſt de ma mort, eſt ſigné de ſa main,
O diſgrace! ô rigueur! de mon ſort inhumain!
Et bien, poſſede là, cette belle inconſtante,
Arrache moy mon bien, réponds à ſon attente,

Tu ne souhaittois pas cette inclination
Ton merite est contraire à ton intention.
Ie ne luy donne point le tiltre d'inhumaine,
Ie ne murmure point, mes deffaux ont leur peine;
Et le ciel m'eust pourueu de belles qualitez
S'il eust formé pour moy, de si rares beautez.

DIONYS.

Ne cherchez point d'excuse à cét esprit volage,
Blâmez de vostre mal, son humeur, & son âge,
Et ne redoutez point qu'vn amy sans egal,
Puisse changer ce tiltre, en celuy de riual;
Ie sçay trop mon deuoir, & vous sçauez ma flame;
Ie croy n'estre pas mal dans l'esprit de Madame,
Sa sœur espere en vain de toucher mes esprits,
Si Venus renaissoit, ie l'aurois à mespris;
Aymez-là constamment, n'imitez point son change,
Et la mettez au poinct qu'elle mesme vous vange.

LYSIDAN.

O dieux! quelle infortune égale mes ennuys?
Ie demeure muët, en l'estat où ie suis.

E iiĵ

ACTE III.
SCENE PREMIERE.

LE VALLET seul tenant la lettre.

Ffets prodigieux d'vn genereux courage,
Tout respecte mon maistre, & tout luy rend
hommage,
Les plus ambitieux reputent à malheur,
De n'auoir des suiets de seruir sa valleur.
Dans cét heureux papier Dionis à tracees,
De cet aymable amant la flamme, & les pensees,
On hayt bien l'eloquence, ou bien ce mot d'écrit
Va faire à sa maistresse admirer son esprit.

SCENE DEVXIESME.

AMELIE, LE VALLET.

LE VALLET.

Q Velle ſort à propos! Belle Reyne des ames,
Amour de l'vniuers, cher ſuiet de nos flammes,
L'eſprit le plus diuin, & la plus digne main,
Qui iamais ayt verſé des mers de ſang humain,
Dedie à vos beautez ce torrent d'éloquence,
Où ſa peine eſt décrite en termes d'importance;
Si vous ne dédaignez ce glorieux amant
Répondez à ſes vœux par vn mot ſeulement.

AMELIE.

Si ie ne le dédaigne; ô dieux! quelle deeſſe,
Ne tiendroit à faueur le nom de ſa maiſtreſſe;
Se peut-on dégager de ſes charmans appas:
Quelqu'vn l'a t'il cogneu, qui ne l'adore pas?

LE VALLET.

Il eſt vray que tout cede à ſon merite extreme,
Il eſt fort valeureux, il me l'a dit luy-meſme,
Et ſur tout ſon eſprit à des charmes puiſſans.

AMELIE lit le deſſus.

A l'aymable beauté qui captiue mes ſens.

AMELIE.

Le Contenu.

La priere extrauagante
D'vn amant insensé.
M'est vne occasion fauorable, & plaisante,
De faire voir ma peine aux yeux qui m'ont blessé.

Ie ne pense, ie n'aspire,
Qu'à voir ces doux vaincueurs,   (tyre,
Et mon cœur, loin de vous, sent vn plus doux mar-
Que n'en peuuent sentir ensemble tous les cœurs.

La nuict songeant à vos charmes.
I'accuse mon destin,
Et répands en mon lict vn ocean de larmes,
Que l'ardeur de ma flame a seiché le matin.

Le soleil sortant de l'onde
Me laisse en mesme point,   (monde
Et lors qu'il est grand iour aux yeux de tout le
Il n'est que nuict aux miens quand ie ne vous voy
    point.

Hastéz vous belle Amelie,
D'alleger mes ennuys,
Bannissez de mes iours toute melancholie,
Et tarissez les pleurs que ie verse les nuicts.

DYONIS:
LE VALLET

LE VALLET.

Lisez vous tout de bon.

AMELIE.

Ly toy-mesme.

LE VALLET.

Ha le traistre,
Il nous a faict ce tour, il a trahy mon maistre,
Il m'a commis moy-mesme à porter ses poulets;
On luy fera, Madame, employer ses valets.

AMELIE,

Qu'est-ce, conte moy tout.

LE VALLET.

Ie vangeray l'iniure
De cette propre main, si mon maistre l'endure,
Iamais traistre que luy n'a fait rougir ce front
Il tache mon honneur, & i'ay part en l'affront.

AMELIE.

O dieux! qu'il est plaisant?

LE VALLET.

Et vous riez, Madame,
Si mon maistre me croit, il éteindra sa flame.
Vous mourrez de despit, & la fin de ce iour
Sera, s'il est prudent, la fin de son amour.

AMELIE.

Conseiller inhumain, ennemy de mon ayse,
Qu'il cesse de m'aymer, & que ie luy déplaise?
Que ie sois odieuse à la mesme valeur,

F

AMELIE.

Procure moy plutost la mort que ce malheur;

LE VALLET.

Vous riez toutefois.

AMELIE.

Ouy, d'aise, & d'esperance
Que le ciel benira nostre perseuerance;
Helas conserue moy ce bon-heur infiny,
Ou que d'vn seul trepas mon crime soit puny.

LE VALLET.

Ce repentir m'oblige à forcer ma cholere,
Conseruez seulement le soucy de luy plaire;
Pour cette trahison, i'en mourray satisfaict,

Elle *Et ie vais l'aduertir de l'affront qu'on luy faict.*
r'être.

SCENE TROISIESME.

LYSIDAN, LE VALLET.

LYSIDAN.

A Vant que de finir, & ma vie & ma peine,
Voyons encor vn coup cette belle inhumaine
A ses yeux inconstans faisons voir mon trepas,
Ce dessein leur plaira, si ie ne leur plais pas.

LE VALLET.

On va de ton amy payer la courtoisie.

.LYSIDAN.

Adieu, d'autres pensers troublent ma fantaisie.

LE VALLET.

Voyez que d'arrogance est iointe à ses discours,
Tu dois bien, insolent, luy prester du secours,
Je seconde mon maistre, & iamais mon courage
Ne s'est mieux employé qu'à punir cét outrage;

LYSIDAN,

Cherche d'autres obiets à tes fols entretiens;

LE VALLET.   Il s'en
                                                  va.

Et toy, conte ce iour pour le dernier des tiens.

LYSIDAN seul.

Helas dans la rigueur de mon cruel martyre,
Ie crains moins ce malheur, que ie ne le desire,
La mort pourroit d'vn coup finir mes déplaisirs,
Mais l'ingrate qu'elle est se rit de mes desirs
Elle est sourde à mes vœux, cette aueugle Deesse,
Et tire vanité d'imiter ma maistresse.

SCENE QVATRIESME.

LYSIDAN, ERANTE à la porte.

ERANTE.

Combien ie veux de mal à cét amant transi;
Dissimulons pourtant. Ie t'attendois icy.

LYSIDAN,

Que ie vous suis tenu;

ERANTE.

           Loin de toy, tout m'offence,

Et rien ne m'est sensible au prix de ton absence;

LYSIDAN.

Cette peine est coniointe aux fidelles amours,

ERANTE.

Ie sens ma passion s'accroistre tous les iours:

LYSANTE.

Que ie suis glorieux!

ERANTE.

           Ouy, si tu tiens à gloire

D'estre le seul obiect, qui plaise à ma memoire,

LYSIDAN.

Car de changer iamais;

ERANTE.

         O Dieux, que me dis-tu?

LYSANTE.

Vous auez trop d'amour.

ERANTE.

         Et toy trop de vertu.

LYSIDAN.

D'écrire à Dionys?

ERANTE.

         O Dieux, ie suis perdue.

LYSIDAN.

Et d'offrir à ses vœux l'amitié qui m'est deuë,
Vous sçauez (pour le faire,) aymer trop constamment
Et c'est vous offencer qu'y songer seulement.

ERANTE.

C'est beaucoup de tourment, qu'vn peu de ialousie,
Ne donne point d'entrée à cette frenaisie:
Car de la perdre apres, il est bien mal-aysé,
Ie plains desia ton mal.

LYSIDAN.

Et vous l'auez causé;
Confessez tout Madame, & sans tant d'artifice,
A ce cœur malheureux ordonnez son supplice,
A t'il receu de vous quelque commandement
Dont il ayt murmuré du penser seulement?
Restreignez mon espoir en détroites limites,
Ne me permettez plus l'honneur de vos visites,
Comblez de vos faueurs l'autheur de mon tourment,
Caressez à mes yeux ce glorieux amant,
Et (si vous l'agreez) imputez moy des crimes,
Qui rendent vostre haine, & mon mal legitime,
Vous verrez mon respect forcer mes sentimens,
Ie croiray meriter les plus durs chastimens.
Il ne sortira point de plaintes de ma bouche,
Ie n'auray point dessein, que ma douleur vous touche;
Et celuy de vous plaire & de vous obeir,
Me fera detester moy-mesme, & me hair.

AMELIE.

ERANTE.

Vous imitez, Monsieur, ces ames insensees,
Qu'on ne treuue iamais en d'égales pensees,
Qui blasment sans suiet, ou prisent leur destin,
Et ne sont plus le soir en l'estat du matin;
Ce vice à mon aduis est un deffaut extreme,
Moy ie vis autrement, & ie suis tousiours mesme,
Ie medite lon-temps, sur le choix que ie faits,
Mais depuis qu'il est faict, ie ne change iamais.

LYSIDAN.

I'ay donc esté l'obiet d'vne eternelle haine:
Vne amour de deux ans, m'est donc ingrate, & vaine,
Et Dionys plaist seul à vos chastes beautez,
Depuis que ie vous serts, et que vous m'écoutez;

Luy monstrât la lettre.

ERANTE.

Et c'est là Lysidan le suiet de vos plaintes?

LYSIDAN.

Il est assez puissant

Erante voyât sa lettre.

ERANTE.

O Dieux! les vaines craintes;
Viuez, viuez heureux, & ne m'accusez plus,
S'il vous faut seulement contenter la dessus;
Dionys est charmé des beautez d'Amelie,
Vous auez veu sa peine & sa melancholie,
Il n'est inquietude egale à son soucy,
Et ie me trompe fort, ou ma sœur l'ayme aussi;
Mais son sort, & le nostre à tant de difference,

Qu'il deuroit étouffer cette vaine esperance;
Il a d'vn vain desir ses attraits honorez,
Il faut entrer chez nous par des chemins dorez;
Vous sçauez quelle humeur aux vieillards est com-
  mune,
Ils prisent la vertu, mais prennent la fortune;
Mon pere est de ce nombre, & son consentement
Dépend du vain éclat des tresors seulement.
Il sçait que Dionys n'est riche, qu'en merites,
Et que ma sœur pourtant en souffre les visites,
Si bien, qu'imaginant quelque inclination,
Il la veut ruiner par cette inuention;
Il m'oblige de feindre vne amitié naissante,
Pour ce fidelle amant, que luy-mesme ressente,
Il veut que mes regards, ma voix, & mes écris,
Soient sans cesse employez à toucher ses esprits;
Si i'obtiens cét effet, Amelie est plus vaine,
Que de daigner apres considerer sa peine,
Il n'en peut esperer vn seul trait de pitié,
Si ie puis vne fois rompre leur amitié;
Croyez ce qui vous plaist: la feinte consommee,
Vous sçaurez si sa grace à mon ame charmee,
Si mon amour est tel qu'on le puisse amortir,
Et si tout l'vniuers m'en sçauroit diuertir.

LYSIDAN.

Dieux! que cette nouuelle allege mon martyre
Vous arrestez mon ame à l'heure que i'expire.

Mais craignez, pour mon bien, que cette inuention
N'ait vn effet contraire à voftre intention;
Songez que tous les cœurs cedent à la furprife,
Et qu'infenfiblement nous prifons qui nous prife.

ERANTE.

N'en foyez point en peine, aymez-moy feulement
Mais il vient, voyez moy feindre fubtilement.

SCENE CINQVIESME.

DIONYS, ERANTE, LYSIDAN.

ERANTE.

Qve vous traittez l'amour d'vne façon difcrete
(*Monfieur*) & qu'au befoing voftre langue eft
muëte,
Vous conferuez fi bien vn fecret deffendu;
Que les fourds iufqu'icy, n'en ont rien entendu.

DIONYS.

Ie fuis fort imparfaict, mais pourpeu, qu'on me louë,
On fçait que ie croy l'eftre, & voy quand on me iouë.
I'ay pris voftre faueur pour preuue à mes deffaux,
Voyez fi quelquefois mon fentiment eft faux;
Traitez plus doucement vn rebut de fortune,
Dont l'entretient déplaift, dont l'abord importune,

Sans merite, sans bruit, sans estime & sans bien,
Qui n'a qu'vn point de bon, c'est qu'il sçait, qu'il n'a
    rien.

ERANTE.

La belle couuerture à son ingratitude.
Qu'il me tient ces discours apres vn long estude,
Quel moyen plus exquis, quels signes plus parfaits,
Te pouuoient asseurer des vœux que ie te faits;
N'ay-ie assez clairement ma passion décrite?
Faut-il perdre du temps à louër ton merite,
Te dois-ie par la voix, ce que mon cœur t'a faict,
Et n'est-ce pas assez que d'en sentir l'effect!
Mais ry de mes discours, & poursui cette ingrate
Qui te iouë elle mesme alors qu'elle te flatte;
Dont tu ne peux qu'en vain esperer la pitié,
Qui n'a pas vn esprit capable d'amitié;
Entretien constamment ceste ardeur insensee,
Et n'en veille iamais diuertir ta pensee;
Reuere ingratement sa tyrannique loy,
Par ton propre malheur, toy-mesme vange moy.

LYSIDAN.

En fin ie suis saisy de ma premiere crainte
Ces discours ont passé les bornes de la feinte;

DIONYS.

Ie ne cause à vos cœurs, ny souspirs, ny douleurs,
Le feu que i'y fais naistre à bien peu de chaleur.

G

Mais las! quand cette ardeur en effet seroit vraye,
Et que ie guerirois de ma premiere playe,
Pourrois-ie encor rauir à ce parfait amy,
Vn bien si precieux, qu'il possede à demy?
Apres tant de serments d'vne amour infinie
Auriez vous tellement sa memoire bannie,
Et deurois-ie esperer vn meilleur traitement,
Sçachant son infortune, & vostre changement?

ERANTE.

Il s'est entretenu d'vn espoir inutile,
Ie n'eus iamais pour luy qu'vne amitié ciuile,
Sa vanité, Monsieur, est sans comparaison,
S'il croit auoir iamais asseruy ma raison.
I'ay souffert ses discours, tant que la courtoisie
M'a permis de flatter sa vaine fantaisie,
Mais d'auoir rien promis à sa fidelité,
I'ay plus d'ambition, & moins de charité;

LYSIDAN

Erante le regarde en riãt

Cette orgueilleuse enfin force ma patience,
Et ie ne puis sans honte obseruer le silence,
Mais ce ris de sa bouche, & ce traict de ses yeux
Contient dans le respect mon esprit furieux!
Que de subtilité; que sa bouche à d'adresse,
Parlant elle m'offence, & riant me caresse.

ERANTE.

Est-ce assez consulter?

DIONYS.

Ie suis tout resolu,

ERANTE.

D'accepter sur mes iours vn pouuoir absolu ?
D'oublier Amelie ?

DIONYS.

Ouy, quand les destinees,
Ne voudront plus ourdir le fil de mes annees,
Mais possedant encor le bien de la clarté,
Ie promettrois en vain d'oublier sa beauté ;

ERANTE.

Va, tyran des esprits, barbare, ame de souche
Que mes souspirs soient vains, & que rien ne te tou-
che :
Ferme à mes passions, & l'oreille, & le cœur
Lâche, presomptueux, & superbe vaincœur,
Adore cét obiet qui t'a l'ame rauie ;
Mais ne te promets point d'Empire sur sa vie :
I'employray mes efforts à ruiner les tiens,
A publier vos fœux, rompre vos entretiens,
Découurir ton adresse aussi tost que conceuë,
En fin à diuertir vne prospere ysseuë,
Tien pour illusion ce qu'elle t'a promis
Et sçaches en moy seule auoir mille ennemis.

G ij

SCENE SIXIESME.

AMELIE, ERANTE,
LYSIDAN, DIONYS.

AMELIE retenant sa sœur.

Quel trouble si soudain, rend ce visage blesme;

ERANTE.
Ne me retenez point, ayez soin de vous mesme;

LYSIDAN.
Cette humeur luy prouient.

AMELIE.
d'où,

LYSIDAN.
D'vn iuste mespris,

AMELIE.
Quoy? de plus doux appas ont touché vos esprits?
De nouuelles ardeurs ont vostre ame embraʒee?
Et vous n'estimez pas vne conqueste aysee.

LYSIDAN.
Qu'vne autre soit iamais l'obiet de mon soucy:
Me pouuez vous cognoistre, & me parler ainsi?
Perdez ce sentiment.

AMELIA.

De qui donc ce plaint elle?

LYSIDAN.

De ce parfaict amy, qui plaist à cette belle.

AMELIE.

Ie sçay tout, c'est assez ; hé quoy tant d'amitié
Ne peut, cher Dionys, attirer ta pitié?
Ton cœur ne se rend pas à la bonté d'Erante?
Et ie t'ay veu souffrir mon humeur arrogante?
Tu refuses des vœux à son humilité,
Et iadis mes dedains ne t'ont point rebuté;
Ne dois-tu rien cruel à sa melancholie;

DIONYS.

Non puisque ie dois tout aux beautez d'Amelie;

AMELIE.

Si tu dois aux attraits, tu luy dois plus qu'a moy,
Crois-tu qu'elle en ayt moins?

DIONYS,

Ouy, si ie m'y cognoy;

AMELIE.

Iugez nous Lysidan;

DIONYS.

Que l'amant soit l'arbitre,
Desirer accorder, & l'vn & l'autre titre.
C'est vouloir l'impossible.

LYSIDAN.

En l'estat où ie suis,

G iij

AMELIE.

Faites moy seulement iuge de mes ennuis,
Tous les amants, qui sont, & ne sont plus au monde,
Ixion sur la roüe, & Tantale dans l'onde,
Si vous considerez l'excez de mon tourment
Ont à comparaison souffert legerement.
Decheu, par mon malheur d'vne gloire suprême,
Ie ne voy rien d'égal à ma misere extreme,
Et vous deuez le prix à ses charmes vaincueurs,
Si leurs coups sont égaux à ceux de ses rigueurs,
Quelle borne, destins à mes maux est prescrite;

DYONIS.

Esperez-là du temps, & de vostre merite,
Mais i'implore le mesme adorable beauté,
Quand sera par l'Hymen nostre amour limité?
Et quand, vous dégageant des contraintes d'vn pere,
Voulez vous accomplir le bon-heur que i'espere;

AMELIE.

Helas! que i'ay de peine, à t'ouurir mon secret?
Que ce cœur est atteint d'vn sensible regret?
Et qu'vn mot preferé me rendra miserable,
Si nous n'imaginons vn moyen fauorable,
Qui conserue à tes vœux mon amour & ma foy,
Qui m'oste à ton riual, et qui me rende à toy.
Demain

DYONIS.

Quoy ce riual trahit mon esperance?

AMELIE.

Mon pere m'abandonne à sa perseuerance,
Il considere peu si ce dessein me plaist,
Il veut que mon amour cede à mon interest
Et depuis vn moment, sa rigueur indiscrete,
A tiré de ma voix l'ouy que ie regrete.

DIONYS.

Donc, vostre volonté (beau soleil de mes iours,
Releue d'vn pouuoir plus fort que nos amours?
On contraint vos desirs? l'amour est né sans pere,
Et vous en auez vn, que le vostre reuere;
Helas! si vous auiez tant de facilité,
Et si vous preuoyez cette necessité,
Vous deuiez estouffer ma passion naissante
Plutost que la reduire à viure languissante,
Car, apres tant d'espoir, ne vous posseder pas,
C'est souffrir sans mourir, pire, que le trépas.

AMELIE,

Tu condamnes bien-tost l'amitié la plus rare,
Qui doiue estre prisee en ce siecle barbare;
Combattons, enflammez de desirs si parfaits,
A qui les prouuera par de plus beaux effets:
Que ferois-tu pour moy?

DIONYS.

Je prendrois plus de peine,
Que deux Rois ennemis n'en ont pris pour Helene,

Erante
est à la
fene-
stre, &
les é-
coute.

J'effacerois le nom des plus parfaits amants,
Et ie m'immolerois à vos commandements,

AMELIE.

Moy, ie ferois pour toy, plus que le penſer meſmé,
Ne peut imaginer, & d'étrange, & d'extreme.
J'effacerois l'éclat de ton affection,
Et ſois vain ſi tu veux de ma confeſſion;

DIONYS.

Forcez donc auec moy, ma lumiere, ma vie,
Tout ce qui fait languir noſtre amoureuſe enuie,
Et par vn prompt départ, degageant voſtre foy
D'vne ſeuere, iniuſte, & tyrannique loy.
Deliurons ce vaincueur à qui tout rend hommage
De la neceſſité d'vn Inique ſeruage,
Tirons pour noſtre bien noſtre maiſtre des fers,
Il finira les maux, que nous auons ſoufferts;
En l'eſtat d'obeir, ou vous eſtes reduite,
La gloire du combat, dépend de voſtre fuite;

AMELIE.

Ouy mon affection conſent à ce départ,
J'attendois, cher amant ce conſeil de ta part;
Demain, ſans differer, auſſi toſt que l'aurore,
Fera voir ſes rayons ſur le riuage more,
Forçons noſtre malheur, partons ſecretement,
Et ſouffrons auec nous Lyſidan ſeulement,
Qu'il ſerue de teſmoin à nos pudiques flames,
Qu'il aſſiſte ou l'Hymen conioindra nos deux ames,

Et qu'il

Et qu'il tesmoigne vn iour que nos chastes desirs,
Se seront dispensez à d'honnestes plaisirs ;
La maison d'vn paysan, frere de ma nourrice,
Est offerte à propos à nostre doux caprice,
Nous y viurons sans crainte, attendant l'heureux
    iour,
Qu'vn aduis de sa part nous parle du retour.
N'es-tu pas resolu.

DYONIS.

                    Plus, que n'est à sa grace,
L'esprit d'vn criminel, dont on bande la face,
Qui reçoit vn pardon qu'il n'imaginoit pas,
Et qui voyoit desia la porte du trépas.

AMELIE.

L'effect de ce dessein me plaira dauantage,
Allons nous disposer à cét heureux voyage,
Adieu, mais sois discret, si tu veux m'obliger,
Et sur tout, que ma sœur n'en puisse rien iuger.

Erante
descēd
de la
fene-
stre.

H

SCENE SEPTIESME.

E R A N T E, 　　　A M E L I E,

D I O N Y S. 　L Y S I D A N.

E R A N T E les surprenant.

NOn, ie n'en sçauray rien, & ce dessein le touche
Trop fauorablement, pour en ouurir la bouche;
Vous ne m'attendiez pas

A M E L I E.

O malheur sans pareil.

E R A N T E.

Et n'auiez pas dessein d'implorer mon conseil;
En fin ie puis vanger vne amour mesprisee,
Et rauir Ariadne, à l'espoir de Thesee ;
Quoy vous suiuez ma sœur le plus vil des mortels,
Et vostre passion luy dresse des autels?
Meditez la dessus, & consultez mon pere,
Ie luy vais de ce pas découurir vostre affaire ;

A M E L I E la retenant.

Cruelle, ton bonheur depend-il de ma mort,
Parle vn mot seulement, & i'acheue mon sort ;
De quelle iniure, helas! me treuues-tu coupable?
Faits moy, si tu le peux, vne plainte equitable,

Ay-ie autrefois rompu tes resolutions ;
Et me suis-ie opposee à tes intentions ?
Ne vois-tu pas en moy l'amitié la plus pure,
Que iamais à des sœurs enseigna la nature ?
M'as-tu veuë autrefois reueler tes secrets,
Et n'ay-ie pas eu part, en tous tes interests ;

ERANTE.

Layssez moy, l'on m'appelle,

AMELIE.

     Jngrate, inexorable,
Que proffiteras-tu, si ie suis miserable ;
N'as-tu pour mon suiet, ny pitié, ny douceur,
Ne donneras-tu rien au sacré nom de sœur ?
Tu me voüois iadis vne amitié si nuë,
Et que i'ay si souuent au besoin recogneuë,
Las ! si tu n'as plus rien de ces rares bontez,
Quel destin à si tost changé tes qualitez ;
Si tu les as encor, comment la bonté mesme,
Peut-elle mécognoistre, & trahir ce qu'elle ayme ?
Ressentant seulement l'ombre de mes douleurs,
Que la compassion, t'arracheroit de pleurs.

ERANTE.

Ie m'employrois pour vous, auec vn soin extréme,
Et ie voudrois cacher vos secrets à moy-mesme,
Mais ce presomptueux a te cœur irrité,
Et ie dois, le pouuant punir sa vanité ;

AMELIE.

DIONYS.

Diuine, & sage Erante;

ERANTE.

Auecques la menace,
On abat ton orgueil, on à part en ta grace,
Ie suis sage, & diuine, & tu m'estimes fort
Alors que mon pouuoir dispose de ton sort;
Tàntost, enflé du vent, d'vne fausse victoire,
Tu ne me traittois pas auecque tant de gloire,
Ce m'estoient des faueurs, que de te regarder;
Dieux; il est bien aysé de te persuader?   (ble,
Quoy? quand ie te nommois, beau, charmant, adora-
Tu croyois seulement m'estre considerable ?
Et lors que ie feignois ces transports furieux
Tu les attribuois au pouuoir de tes yeux?
I'aurois perdu l'esprit, & ta seule arrogance,
Eust esté comparable à mon extrauagance,
Lors i'auois merité de souffrir tes dedains;
Mais, i'ay dessein de rire, & c'est dont ie me plains;
Ie voulois, par l'appas d'vne esperance vaine,
Me donner le plaisir de t'auoir mis en peine.
Te voir à mes genoux, te voir baiser mes pas,
T'ouyr plaindre sans cesse, & ne répondre pas.
C'estoit là mon dessein, & ton ame orgueilleuse
Deuoit ce passetemps à mon humeur ioyeuse;
Ie voulois que mes iours touchassent tes esprits,
Et tu ne deuois pas les payer de mespris.

DIONYS.

Ie n'ay rien merité ; mais souffrez que ie die,
Que vous deuiez ailleurs chercher la perfidie,
Et que quelque dessein que vous peussies auoir,
Vous taschies vainement d'ébranler mon deuoir.
Ie croy, qu'on ne peut rien adiouster à vos charmes,
Les cœurs, contre vos yeux ont d'inutiles armes,
Et le mien seulement à pouuoir d'éuiter
Ces glorieux vaincueurs, que tout doit redouter ;
D'vn si libre discours accusez cette belle,
Comme vos deux beautez, ma flame est immortelle,
Vous me verriez pour vous brusler de feux égaux,
Si vos yeux, les premiers n'auoient causé mes maux ;
Mais la necessité d'adorer Amelie,
Auoit mis en ses mains le beau nœud qui me lie ;
Charmante, & chere sœur, obligez deux amants,
Dont vous tenez en main l'espoir, & les tourments.

AMELIE.

Ainsi iamais amour ne te soit importune,
Et le ciel à tes vœux, égale ta fortune.

ERANTE.

Dieux ! que ie suis sensible aux traits de la pitié !
Et que ie vous cheris d'vne aueugle amitié !
Partez, viuez contens, ie force ma cholere,
Et mon ressentiment cede à vostre priere ;
Mais vous aurez Monsieur, moins de presomption,
Que de vanter iamais mon inclination,

Lyſidan m'a veu feindre auec fort peu de crainte,
Il ſçait quelle raiſon m'ordonnoit cette feinte.

LYSIDAN,

Ie n'en ſuis pas trop ſeur, & vous feignez ſi bien
Qu'il m'eſtoit mal-aysé de n'apprehender rien,
Ie croy qu'à mon ſuiet vous ſouffrez peu de choſe,
Vous ne mourrez iamais du mal, que ie vous cauſe.

ERANTE.

Tu te pourrois paſſer d'irriter mon amour,
Tu ſçais que ton obiet m'eſt plus cher que le iour,
Mais pour t'en faire voir vn dernier teſmoignage,
Ie veux ſuiure tes pas, i'entreprends le voyage,
M'y ſouffrirez vous pas;

AMELIE.

　　　　　　　Auec plus de plaiſir,
Que l'amour n'en prepare à ton chaſte deſir.

DIONYS.

Dieux l'heureux changement!

SCENE HVICTIESME.

EMILLE, LE VALLET.

DIONYS, LYSIDAN.

AMELIE, ERANTE.

EMILLE.

IL *suffit de mon ombre,*
Pour luy faire des morts, souffrir le triste nombre,
Quand il signoit son nom, il signoit son trépas;
Il est mort;

LE VALLET.

Le voila

EMILLE.

Ne m'abandonne pas.

LE VALLET.

Ce n'est pas ma coustume.

DIONYS,

Oyons ce que veut dire,
Ce pauure extrauagant, si vous aymez à rire.

EMILLE.

Tu sçais bien m'obliger, & seruir mon amour,
Perfide, pren congé de Madame, & du iour.

DIONYS.

N'accorderez vous point mon pardon à mes larmes;
Je sçay que i'ay failly, puissant demon des armes,
Ie confesse mon crime, il est grand en effect,
Mais l'amour est autheur de ce mal que i'ay faict,
J'auois ce seul moyen d'expliquer ma pensée,
A cét aymable obiet, dont mon ame est blessee;

LE VALLET.

Non, ne pardonnez point..

EMILLE.

Dieux! que de lâcheté;
Tu consultes perfide, en ceste extremité?
Tu n'es pas vn obiet digne de mon courage,
Et mon valet suffit pour punir cet outrage,
Fay perir ce voleur..

LE VALLET.

Qu'il meure de vos coups;
Ie ne me treuue pas maintenant en courroux..

ERANTE.

L'agreable combat!

EMILLE.

Quoy tu souffre ce traistre,
Et ne prends point de part aux affronts de ton mais-
 stre;
Lâche, craint d'en auoir en sa punition;
Mais ie faits trop long temps languir ma passion;

                                                    Il faut

Il faut priuer du iour cét obiet de ma haine,
Et moy-mesme, ie doy, me donner cette peine.

DIONYS.

Comment point de pardon? & la vaillance mesme,
Ne considere pas vn repentir extréme;
Adioustez cette gloire à vos rares vertus.

EMILLE.

Ie n'ay point de pitié pour des cœurs abatus,
Ie pardonne ton crime, & ie punis la crainte
Dont si honteusement ie voy ton ame atteinte,
Tu ne te deffends pas;

DIONYS   mettant l'épee à la main.

            En cette extrémité
Il faut donc obeir à la necessité?

EMILLE.

Admire maintenant mon humeur debonnaire,
Cet effect de courroux alentit ma cholere;
I'ay pitié des vaillants, & ta resolution
Dispose ma iustice, à ta remission;

DIONYS.

Non non, braue guerrier, cét effect de clemence,
A ta rare valeur faict trop de violence,
Tu dois à mon offence vn iuste chastiment;
Pour moy, iamais ce fer n'est tiré vainement.

EMILLE.

Reuerons, indiscret, cette rare merueille,

AMELIE.

DIONYS.

Plutoſt proüue à ſes yeux ta valeur ſans pareille,
Donnons, c'eſt trop long temps differer mon trépas;

EMILLE,

Non ie ſuis ſatisfait.

DIONYS.

                       Et ie ne le ſuis pas,

C'eſt trop deliberer.

EMILLE.

                 Mahayne eſt appaiſee,

Ie dedaigne à preſent vne vengeance ayſee,
I'ay perdu le courroux dont i'eſtois enflammé;
Et ie ne me bas point, n'eſtant point animé;

AMELIE.

L'aymable paſſe-temps.

DIONYS.

                 Euite, lâche, euite,

La force de ce bras, par vne prompte fuite,
Autrement,

LE VALLET.

Reſpondez,

DIONYS,

                Eſt-ce aſſez conſulter?

EMILLE.

En l'humeur où ie ſuis, rien ne peut m'irriter;
O Dieux! que promptement, ma fureur eſt calmee,
Et qu'vne bonté grande à ma main deſarmee;

S'en
allant.

LE VALET.

Qu'on va donner de gloire à nos geftes guerriers,
Nous allons fuccomber, fous le faix des lauriers ;

Ils s'é
vont.

DIONYS   en riant.

Peut-on prifer affez ma valeur fans feconde,
I'ay faict trembler la gloire, & la terreur du monde.
Par deux mots de menace, & deux mauuais regards,
I'ay remply de frayeur le fein mefme de Mars ;
Dieux ! quelle extrauagance à fon ame faifie ?
Et qui peut rire affez de cette frenefie,
Il repaift fon efprit d'imaginations,
Qui luy font eftimer toutes fes actions,
Il va nommer par tout fa force incomparable,
Et fe glorifier d'vn exploit memorable ;

AMELIE,

Ce paffe-temps eft doux : mais il eft tard, adieu,
Et demain, du matin foyons tous en ce lieu
Nous executerons l'entreprife amoureufe,
Qui finit vos tourmens, & qui me rend heureufe.

LYSIDAN.

Vn mot, diuine Erante.

ERANTE.

Adieu, ie fuis à toy
Et la mort feulement, peut violer ma foy ;

Ils s'é
vont.

I ij

Elle conti-nuë seule.

Que de troubles diuers mon ame est agitee!
Dieux! tant de violence est bien tost arrestee:
Mais, ie ne puis (amour) resister à tes loix,
Seule ie dois souffrir pour le repos de trois.

ACTE IV.

SCENE PREMIERE.

CLORIS, en habit d'homme, assise dans
vn bois, touche vne guittare, & chante.

Ous dois-ie reueler mon amoureux soucy?
M'est-il permis de souspirer icy?
Arbres, rochers, aymable solitude,
Puis-ie parler de mon inquietude?

S'il est ainsi deserts, écoutez mon tourment,
Ie plains la mort, d'vn malheureux amant;
Deuant mes yeux, l'inconstance de l'onde
A faict perir le plus constant du monde.

Par sa mort, ce tyran qui blessoit nos esprits,
Perdit le iour, ou sa mere l'a pris:
L'amour cessa de regner sur la terre,
Et maintenant tout son peuple est en guerre.

I iij

Elle cō
tinuë
laiſſāt
la gui-
tarre,

Laiſſe, laiſſe à tes yeux l'office de ta voix,
A ce reſſouuenir, pleure encore vne fois,
Pleure ce beau vaincœur, à qui ces foibles charmes
Alors qu'il t'adoroit ont tant couſté de larmes;
Helas! ie voy le iour, & ſes iours ſont rauis;
Ie ſuis, quand il n'eſt plus; il eſt mort, & ie vis,
Quel deſtin m'a ſauuee, & quelle ingratitude,
A prolongé ma vie, & mon inquietude;
Que ne fut ſon malheur, ſuiuy de mon deſſein,
Quand l'onde me l'offroit, elle m'offroit ſon ſein,
Et ſi i'euſſe voulu, cette aueugle meurtriere,
En me le rauiſſant, m'euſt rauy la lumiere;
Ha! que depuis ce iour, i'ay deteſté mon ſort,
Que i'ay ſenty de morts, pour la peur d'vne mort.

SCENE DEVXIESME.

DIONYS, AMELIE, LYSIDAN.
ERANTE.　　　CLORIS.

AMELIE.

I'Oy quelqu'vn qui ſe plaint;
DIONYS.
　　　　　　C'eſt ſous ce beau feuillage

Approchons nous sans bruit.

CLORIS.

                    Le calme suit l'orage.
Il n'est si malheureux sous l'empire d'amour,
Qui ne viue en l'espoir, de l'estre moins vn iour;
Mille ont esté sauuez, quand leur mort estoit preste,
Et tel, qui tient l'espee espere qu'on l'arreste;
Ma seule affliction ne se peut comparer,
Seule ie suis au point de ne rien esperer;
Si la mort n'estoit sourde, et que les destinees,
Pússent vne autrefois refiler ses annees,
L'enfer ne le pourroit refuser à mes cris,
Mais il ne rend iamais les tributs qu'il a pris:
Pluton rit de nos vœux, ce Dieu n'a point de temple,
Et dans la fable mesme, on n'en voit qu'vne exemple;

AMELIE.

Il le faut aborder.

CLORIS.

                    Passez heureux amants,
Souffrez qu'vn malheureux pleigne icy ces tourments,
Ou faittes les cesser, si la pitié vous touche,
Et répandez mon sang, sur cette humide couche;

AMELIE.

Nous vous refuserons vn semblable secours,
Et tâcherons plutost de conseruer vos iours;
D'où naissent vos ennuys, & quel malheur extreme,

AMELIE.

Mouille de tant de pleurs, ce teint mourant, &
   blefme;
Vous deuez excufer ma curiofité,
La pitié me difpenfe à cette liberté;

CLORIS fe leuant & pleurant.

O Ciel! eft ce trop peu, de ma dure infortune,
Sans qu'on l'accroiffe encore, & fans qu'on m'impor-
   tune:
Adieu, ie m'ayme feul, & mon affliction,
Ne reçoit ny fecours, ny confolation;

elle s'e
fuit.

AMELIE.

O Dieux! qu'il eft faifi d'vne douleur amere,
Courons, fuiuons fes pas, & fçachons fa mifere.

SCENE TROISIESME.

LE PERE d'Amelie, LA NOVRICE.

LE PERE.

O Sort iniurieux! des ennuis fi cuifants,
  M'eftoient donc referuez pour la fin de mes ans.
Il n'eftoit rien d'égal au repos de ma vie,
Mes biens eftoient plus grands que n'eftoit mon enuie,
Les plus cheris du fort parloient de mes plaifirs,
Et ie ne treuuois plus d'obiets à mes defirs;

Faut-il qu'en ce bon-heur vne fille indiscrete,
S'oppose aueuglement au bien que ie souhaitte,
Cét esprit libertin, tout respect étouffant,
Rit des aduis d'vn pere, & suit ceux d'vn enfant.
N'as tu rien découuert d'vne telle entreprise,
Toy qui tenois sa vie en ta garde commise,
Qui ressents en effect, ou feints tant de douleur
N'as tu pû diuertir sa perte, & mon malheur?
Cognoissant son esprit, ta longue experience,
Te deuoit conseiller vn peu de deffiance,
Tu voyois les ardeurs qu'elle à pour Dionys,
Et tu pouuois preuoir mes tourmens infinis.

LA NOVRRICE.

I'expliquois ses regards, ie lisois dans son ame,
Ie croyois decouurir sa plus secrete flame,
Mais las! c'est bien l'esprit le plus dissimulé,
Qui des flames d'amour ayt encore bruslé;
Elle ne me parloit, que de l'obeissance,
Dont elle honoreroit l'autheur de sa naissance,
Ie la voyois trembler à vostre seul aspect,
Et ie croyois que rien n'égaloit son respect;
Lors, comme i'estimois voir son humeur si nuë,
Ie la blasmois par fois de trop de retenuë,
Et ma simplicité luy donnoit des aduis,
Dont elle abuse helas, & qu'elle à trop suiuis;
Elle a subtilement gaigné l'esprit d'Erante,
A qui cette entreprise estoit indifferente,

K

Qui bonne, comme elle est, n'ayant pû l'arrester,
Suit ses pas, sans dessein, que de la contenter.

LE PERE.

Qu'vn simple citoyen, sans honneur, sans fortune,
D'vn sort si different, d'vne race commune,
Pour qui ie n'eus iamais aucune intention,
Fasse vn iour vanité, de sa possession,
Ayt chez moy malgré moy, cette place occupee,
Ma fortune, plutost se verra dissipee,

Il s'en va. *Je perdray pour les perdre, & fond & reuenu,*
Et comme on le dépeint, leur amour sera nu.

LA NOVRRICE.

C'est la les menacer de beaucoup de misere,
Mais il est bien-aysé d'appaiser sa cholere,
L'amour que porte vn pere a de puissants appas,
Et s'il ne perd ce nom, il ne les perdra pas.

SCENE QVATRIESME.

CLORIS, AMELIE.

AMELIE.

CE bon Paysan, Monsieur, mettra toutes ses
peines,
A terminer chez soy vos erreurs incertaines,

Attendez en ce lieu, le secours, que le temps, (tents,
Ce doux charmeur des maux, donne aux plus mescon-
Nous y veillerons tous au soin de vous distraire,
Et nos plus doux plaisirs, seront de vous en faire;
Que ie sçache le cours de vostre affection,
Fiez-en le recit à ma discretion;

CLORIS.

Que vous renouuellez de sensibles atteintes!
Et que la courtoisie ordonne de contraintes!
Quelquefois, ces beaux yeux ont ils versé des pleurs?

AMELIE.

Helas! combien de fois;

CLORIS.

Mouillez-en donc ces fleurs;
L'ame la plus barbare, & la plus inhumaine
Est sensible, Madame, au recit de ma peine;
Mon sexe est déguisé, par ce faux vestement.

AMELIE.

Comment vous estes

CLORIS.

Fille.

AMELIE.

O doux contentement!
I'en suis plus obligee à cherir vos merites,
Et ce titre rendra nos libertez licites;

CLORIS.

I'ay pris le iour à Douure, & là chez mes parens,

K ij

Ie paſſois en repos des iours indifferents,
Vous ſçauez à quels ieux l'enfance nous conuie,
Ces ieunes paſſetemps, limitoient mon enuie,
Et i'ay, durant quinze ans veu le flambeau du iour,
Sans auoir ny ſenty, ny veu celuy d'amour;
Mais las! que le tyran de nos belles annees,
A bien depuis ce temps changé mes deſtinees;
I'honoray de mes vœux ſes profanes autels,
Et ie donnay mon cœur, au plus beau des mortels.
Toutes les qualitez, & toutes les careſſes,
Qui peuuent aux amants procurer leurs maiſtreſſes,
Tout ce qu'vn honneſte homme a de plus rauiſſant,
Ie l'admirois, Madame, en ce ſoleil naiſſant.
Mes parens, me faiſoient des menaces friuoles,
I'auois perdu mon cœur, ils perdoient leurs paroles,
Et ie reuerois peu l'aueugle auerſion,
Qu'ils auoient, pour l'obiet de mon affection;
Ils m'épioient en vain, vne entiere licence,
Euſt pû ſur mon eſprit, bien plus que leur deffence,
Mes deſirs s'animoient par leurs ſoins imprudents,
Les braziers qu'on retreint, deuiennent plus ardents.
En fin, quand i'eus ſeize ans, & que leur tyrannie,
M'eut rauy tout moyen d'eſtre en ſa compagnie,
Ie force tout reſpect, ie m'eſchape, & ie fais,
La reſolution de n'en ſortir iamais;
Ie fie à ce vainceur, mon honneur & ma vie;
Helas! ſa paſſion égaloit mon enuie;

Ie sçay qu'il partageoit ma flamme & mon ennuy,
Et qu'on n'ayma iamais, plus ardemment que luy;
Nous fuyons déguisez nos parens, & nos peines,
Nous cherchons vn seiour sur les humides pleines,
Et forcez d'obeir à la necessité,
Commettons la constance à l'infidelité;
La mer fut long-temps calme, & les vents & leurs
     grottes,
Reposoient, sans dessein d'exercer nos pilotes,
Nous nous iurions sans cesse vne immuable foy,
Et nous mourions d'amour, ce bel amant & moy,
Neptune en fut ialoux, & cét effroy des ames,
Feist dessein d'engloutir, & nos corps, & nos flames;
On n'a iamais parlé d'vn orage si prompt,
Il s'enfle de cholere, il se ride le front,
Fait tenir à nos gens des routes incogneuës,
Et iette à bonds diuers nostre nef dans les nuës;
Tant d'épaisses vapeurs s'amassent dans les airs,
Que nous ne voyons rien, qu'en faueur des éclairs
Le pilote est troublé, son adresse est friuole,
Le vent nous enueloppe, & la nauire vole;
Iugez de nos frayeurs: cét agreable amant,
Ses bras entre les miens serrez étroittement,
Ne crain rien, me dit-il, le ciel est moins barbare,
Que d'empescher l'effect d'vne amitié si rare:
Nous viurons, ma deesse, (il m'appelloit ainsi,)
Et son iuste pouuoir nous doit tirer d'icy;

                                        K iij

AMELIE.

A ces mots il me laisse, & par tant de prieres,
Implore de la haut la fin de nos miseres,
Que les Dieux n'auoient pû refuser du secours
A des vœux si pressants, s'ils n'eussent esté sours.
Le vent en vn instant accroist sa violence;
Helas! ce qui suiuit m'ordonne le silence,
Madame, épargnez moy des discours superflus,
Et par ce que i'ay dit, iugez qu'il ne vit plus.
Depuis, sous cét habit, sans suite, & vagabonde,
Ie pleure, & pleureray ce miracle du monde.

AMELIE.

Apres tous ces regrets, la resolution
Doit seruir de remede à vostre affliction;
Le temps feroit pour vous, vous reuerriés ses charmes,
Mais, comme elle est aueugle, alors qu'elle nous prend,
Nous tenant, elle est sourde, & iamais ne nous rent.
Les morts, sont tousiours morts, nos prieres sont vai-
    nes,
Nos souspirs superflus, et nos pertes certaines.

SCENE CINQVIESME.

ERASTE auec deux lacquais.

AMELIE, CLORIS.

ERASTE voyant Amelie.

EN fin la proye est nostre,
AMELIE,
O malheur de mes iours!
Dionis, on m'enleue, aux voleurs! ô secours!
CLORIS tirant son épee.
Ce bras diuertira leur criminelle enuie,
Vostre perte dépend de celle de ma vie,
Traistres, adressez moy vos iniustes efforts,
Ou ce fer se faict voye au trauers de vos corps;

ERASTE mettant Amelie entre les
mains de ses lacquais.

Il te faut contenter; ô Dieux! en ce visage,
Ie voy de ma Cloris vne viuante image,
CLORIS.
Helas! qu'ay-ie apperceu?
ERASTE,
Ie meurs d'étonnement.

Il laisse tôber só espee.

Il s'euanouit.

AMELIE.
CLORIS.

Elle se- *Ie perds la voix, et l'ame, en ce rauiſſement,*
ua-
nouït
auſſi.

AMELIE, au milieu d'eux.

Dieux! qu'eſt-ce que ie voy! cét amant infidelle,
Sans doute eſt le ſujet des pleurs de cette belle;
Rendés l'éclat Madame à ces charmans appas,
Qu'Eraſte vous entende, & qu'il ne meure pas;

CLORIS.

Helas! Eraſte eſt mort, & cette image vaine,
S'offre à moy ſeulement pour accroiſtre ma peine,
Ie baiſeray pourtant, ce pourtraict de mon bien,
O Dieux ie voy beaucoup, & ſi ie ne voy rien;
Si ie croyois mes yeux, voila ſa meſme bouche,
Ie voy ſon meſme poil, c'eſt ſa main que ie touche,
Ie cognoy cét anneau, qui fut mien autrefois,
Et quand il a parlé i'ay recogneu ſa voix,
O diuine douceur, dont mon ame eſt rauie!
Ay-ie ſongé ſa mort, ou loüeray-ie ſa vie;
Reſponds vn mot Eraſte;

ERASTE.

Ha! Madame eſt-ce vous?
Que ie beny le ciel, & que mon ſort eſt doux,
Beau ſuiet de mes pleurs, ma Cloris, ma lumiere,
Quoy, ce corps eſt pourueu, de ſa grace premiere?
Quel ſort en ma faueur, l'a fait reſſuſciter;

CLORIS.

Eraſte vit encor, il n'en faut plus douter;

Cét

Cét obiet de mes vœux charme encore le monde,
Et les dieux l'ont sauué de la rage de l'onde;
Mais la voix me déffaut, diuin obiet d'amour,
Parlons par des baisers qui durent tout le iour.

Ils se
tiēnēt
em-
brassez

AMELIE.

Dieux! son affection l'obligeoit à me suiure,
Et ce soin qu'il a pris est ce qui m'en deliure,
Il retreuue Cloris, ses vœux sont satisfaits,
Il ne s'oppose plus au dessein que ie faits:
Mais il faut contenir leur ardeur amoureuse,
En ces premiers transports la ioye est dangereuse.
N'auez vous feint Madame vn si cruel tourment,
Que pour me disposer à perdre mon amant.

Elle
dit à
cloris.

ERASTE.

Vous voyez d'vn bon œil, nostre chaste licence,
Et vous cherissez fort vne si douce offence,
Vous cedez sans regret vn si foible interest,
Et perdez de bon cœur le bien qui vous déplaist.
I'admire de l'amour la supréme puissance,
O Dieux! que cét effect dément bien son enfance?
Il tire nostre bien d'vn malheur apparent.

Et Cloris me captiue auecques tant d'Empire,
Que ses seulles faueurs, sont le bien ou i'aspire:
Adorable beauté! cher but de mon espoir,
Quel Dieu m'a procuré le bien de te reuoir,
Et quel heureux Demon te retira de l'onde,

L

Ou le vent renuerſa noſtre nef vagabonde.

CLORIS.

La rencontre des flots la repouſſa ſur l'eau,
Que ie croyois depuis te ſeruir de tombeau,
La grandeur du peril nous conſerua la vie,
Et du beau temps enfin ta cheute fut ſuiuie,
Depuis, ſous ces habits, i'ay pleuré ton treſpas,
En mille endroicts diuers, ou i'ay porté mes pas;
En deux ans, ſans deſſein, i'ay veu toute l'Eſpagne,
Et la ſeule douleur m'a ſerui de compagne;
Mais ne m'oblige point à de plus longs diſcours,
Quel inſigne bon-heur, a conſerué tes iours.

ERASTE

Vn nauire Eſpagnol, ſur cette humide pleine,
Tenoit, comme le noſtre vne route incertaine,
Et ie croy que le Ciel l'enuoyoit, à deſſein
Que la force des flots me iettaſt dans ſon ſein,
Car ie m'y rencontray, dans ce peril extréme,
L'orage me ſeruit, contre l'orage meſme;
On me creut mort long-temps, & quand i'ouuris les
    yeux
Rien ne me cachoit plus la lumiere des Cieux;
Des cœurs des Mattelots la peur eſtoit bannie,
Le timon trauailloit, & l'onde eſtoit vnie;
La, tous ces eſtrangers me comblerent d'honneur,
Comme ſi i'euſſe eſté l'autheur de leur bon-heur;
Et me conterent tous, qu'à ma premiere veuë,

Vn rayon du Soleil auoit percé la nuë,
Que ie calmois du Ciel la forte auersion,
Enfin qu'ils me deuoient leur conseruation;
Sur tout, vn homme riche, & cheri dans Valence,
M'offrit dessus ses biens vne entiere puissance,
N'attribua qu'à moy sa vie, & ses proffits,
Et depuis me conserue en qualité de fils;
I'ay tesmoigné mon deüil, par des preuues parfaictes,
Et les Dieux sont tesmoins, des plaintes que i'ay faictes,
Car ie me croyois seule eschappé du danger,
D'où m'auoit retiré, ce nauire estranger;
Enfin, le temps, Madame, & les yeux d'Amelie,
Diuiserent ma peine, & ma melancholie
Ie partageois mes pleurs; l'amour, & vostre mort
Sur ce cœur mal'heureux faisoient vn mesme effort;
I'accusois le destin, de vous auoir rauie,
Et d'auoir sous vne autre assuietty ma vie;
L'effect vous respondra, de ma fidelité,
I'aymois vostre memoire autant que sa beauté;
Et puisque vous viuez, les baisers de l'aurore,
Ne me seroient pas doux, si ie vous plais encore.
AMELIE en riant.
Dont ce cœur inconstant à rompu ses liens;
CLORIS.
Madame vos dédains, auctorisent les siens;
ERASTE.
Cessés de me gausser, & pardonnez, Madame,

L ij

Lysidã
entre,
& les
escou-
te der-
riere
vn ar-
bre.

Les effets criminels d'vne importune flâme,
Ie cognois que le Ciel vous doit à voſtre amant,
Et i'ay trop trauerſé voſtre contentement.

AMELIE.

Mais pardonnés pluſtoſt à l'humeur indiſcrette
Dont ie traittois, Monſieur, vne amour ſi parfaite,
Vous deués excuſer vn cœur préoccupé
Et ſur qui Dyonis a beaucoup vſurpé;

ERASTE,

Nous viurons tous contents, nos peines ſont finies
Nos ſouſpirs eſtouffés & nos craintes bannies
De tous nos déplaiſirs l'amour eſt triomphant
Loüons tous à l'enuy ce glorieux enfant.
Et vous qui me traittiés auec tant d'iniuſtice,
Ie veux, pour tant de mal, vous rendre vn bon office,
Ie vois à vos parens, conter ce changement,
Et ie m'oſe vanter de leur conſentement;
Ie viens ce ſoir ſans faute, adieu viués contente;

AMELIE.

Mais ie cauſe à Madame vne facheuſe attente,
Mon bon-heur, toutefois l'y fera conſentir,
Et ie viens de ſonger de quoy nous diuertir.
Feignez pour mon ſuiet vne ardeur violente;
Et daignez m'honorer du nom de voſtre amante,
Ce diuertiſſement ne vous déplaira pas,
Vous entendrez ſouuent inuoquer le trépas.

Il part.

elle dit à Cloris.

Nous ferons vn ialoux, & son cruel martyre,
Nous fournira ce soir vn beau suiet de rire.
Ce dessein vous plaist-il.
CLORIS.
O Dieux! qu'il est charmant!
Et que nous en rirons.
AMELIE s'en allant.
Feignez bien seulement.

SCENE SIXIESME.

LYSIDAN seul.

IE puis rendre aysément leur entreprise vaine,
Il est en mon pouuoir de diuertir sa peine,
O Dieux! comme à propos, le ciel m'enuoye icy,
Que ie vais l'exempter d'vn extréme soucy.

L iij

ACTE V.

SCENE PREMIERE.

DIONYS seul.

Ardonne, aueugle enfant, à l'aueuglé ca-
price,
Qui m'a fait si souuent t'accuser d'iniustice;
Aueugle! ha tu ne l'es qu'en pourtraits seu-
lement,
On te figure mal, & mon bien me dément;
Enfant; tu ne l'es pas, & tant de preuoyance
Dont ie te suis tenu m'oste cette croyance:
Non, tu n'obliges point à de seueres loix,
Tu merites le nom du plus iuste des Rois:
Et sçais si prudemment, gouuerner ton Empire,
Qu'on y murmure à tort, alors qu'on y souspire,
Le plaisir est plus doux, apres vn long tourment,

Et qui n'a point pleuré, ne rit que froidement.
Mais ie voy ma deesse:

SCENE DEVXIESME.

AMELIE, CLORIS, DIONYS,

AMELIE.

IL faut que cette feinte,
Vous fasse mesurer son desir, par la crainte,
Elle vous prouuera l'ardeur de nos amours,
Commençons il nous voit.

DIONYS.

J'entendray leurs discours.
Ils ne m'auisent pas en vn endroit si sombre,
Et ie puis tout ouyr, en faueur de cette ombre.

CLORIS dit à Amelie, estant assise auprés d'elle.

Puisque l'occasion m'offre icy les cheueux,
Ie ne me tairay plus cher espoir de mes vœux;
Vostre possession est l'obiet de mes larmes,
J'adiouste vne victoire à celles de vos charmes,
Ie n'adore que vous, & vos seules beautez
Ont mon ame rauie, & mes sens enchantez.

AMELIE.

Amelie est vn nom, qu'on sçait partout le monde,
On s'entretient de vous sur la terre & sur l'onde
Vos yeux font mespriser les autels de Venus,
Et chacun sacrifie à ces Dieux incogneus;
Attiré par l'éclat d'vne beauté si rare,
Qu'elle peut enflammer le cœur le plus barbare,
I'ay quitté mon pais, sans dessein toutefois
De m'oser asseruir sous de si dignes loix;
Mais, qui peut s'exempter d'vn si noble seruage,
Pour vous, quelle raison ne perdroit son vsage;
D'abord, que i'apperçeus ces aymables Soleils,
Ie sentis des effets, qui n'ont point de pareils;
Mes yeux furent charmez, mon ame fut troublee,
Et d'ennuis infinis ma fortune comblee;
Ie treuuay tant de grace en ces diuins appas,
Et ie vis au dessous mon merite si bas,
Qu'vn iuste desespoir me conseille la fuitte;
Vous auez veu l'estat, ou mon ame est reduitte:
Ie pleignois mes deffauts, & ma condition,
Qui deffend, que i'aspire à vostre affection.

DIONYS.

O Dieux! qu'ay-ie entendu, tu me dois oster l'ame,
Traitre, ayant le bon-heur de me rauir Madame,
Mais ce pauure abusé ne heurte qu'vn rocher,
Que mon suiet vnique à l'honneur de toucher,

AMELIE.

Ie demeure confuse, en cét honneur extréme,

Car

Car vn suiet puissant deffend que ie vous ayme,
Ma foy s'est engagee, & (vous seul excepté,)
Le plus beau des mortels a pris ma liberté;
Vous plaisez à mes yeux, il faut que ie le die,
Mais ie sçay ce qu'au ciel déplaist la perfidie,
Ce crime est le plus noir qui souille ses autels,
Et qui luy feist iamais detester les mortels;
Dieux, quel malheur m'engage à l'amitié d'vn autre?
Que ne puis-ie, Monsieur, estre constante & vostre?

CLORIS.

Que ie ne trouble point vostre ardente amitié,
Ie ne demande pas, vn seul traict de pitié,
Ie cognoi mes deffauts, & ceste cognoissance,
M'asseure que ma voix seulement vous offence,
Que c'est temerité que de voir vos attraits,
Que ie mourray coulpable en mourant de leurs traits,
Mon sort est au dessous de la mort où i'aspire,
Ie deuois euiter ce glorieux martyre,
I'ay pris trop de licence, & des Rois seulement
Sont dignes de mourir d'vn si noble tourment.

AMELIE.

Ie me rends, ie suis prise, & tant de modestie
Vous donne de mon cœur la meilleure partie,
Ie vai fermer l'oreille aux vœux de Dionys,
Toute raison est foible, & tous respects bannis,
Esperez, du remede à l'ardeur qui vous presse,
Et que ces doux baisers vous signent ma promesse.

Elles
se bai-
sent.

M.

AMELIE.

DIONYS.

O Dieux ! que refoudray-ie en cette extremité?
N'auez vous point de traits pour l'infidelité?
Il poffede mon bien, il l'embraffe, il la baife,
Et ie ne punis pas ce tyran de mon ayfe?
C'eft trop deliberer;

AMELIE.

Dieux! quelqu'vn vient icy?

DIONYS.

Ne vous contraignez point.

AMELIE.

Eft-ce toy, mon foucy?

DIONYS.

Que les baifers font doux, fous ce diuin fueillage!
Que vous y receuez vn agreable hommage!
Que la fraifcheur de l'ombre accroift vos voluptez,
Et dans vn bon plaifir tient vos fens enchantez!

AMELIE.

Qu'eft-ce que tu me dis?

DIONYS.

Continuez, Madame,
Ces douces priuautez à l'ardeur qui l'enflamme,
Ie ne publiray point vos amoureux fouffirs,
Et rien n'en parlera, que la voix des Zephirs.

AMELIE.

En ce lieu frais, & doux, mon importune enuie
Obligeoit cét amant au recit de fa vie.

CLORIS.

I'entretenois, Madame, & ses chastes beautez,
Ne se disposoient point à d'autres priuautez:
Nous n'auons, ny preueu, ny craint ceste venuë
Et ce bras répondra de nostre retenuë.

DIONYS.

Ie ne croy que mes yeux: mais qu'elle ouure les siens,
Sur celuy qui luy plaist, & m'oste mes liens.
Que ce diuin obiet dédaigne ma franchise,
Et qu'il se laisse prendre à sa derniere prise,
Ie m'accuseray seul, vn bien peut estre osté
Lors que qui l'a receu ne l'a pas merité;
Sa beauté m'honoroit de trop de recompense,
Et l'on peut reuoquer vne iniuste sentence.

AMELIE.

Et bien, ie l'auouëray; cét infidelle cœur
S'est affranchy des loix de son premier vaincueur:
I'ayme cét étranger, de secrettes puissances
Luy donnent mes desirs, & forcent mes deffences:
Que d'vn commun dessein, tes vœux soient refroidis,
Prouue en ne m'aymant plus, que tu m'aymas iadis;
Mon refroidissement t'est vn sensible outrage,
Mais il est Dionys, moindre que ton courage
Deux iours feront la fin de ton ressentiment ;
Allons, laissons le seul se plaindre librement.

Elles
s'en v͞ot

DIONYS seul.

Ie ne me plaindray point, ouurons ce cœur infame,

M ij

Il tire
fon é-
pee.

Qui n'a fçeû demeurer dans le fein de Madame,
Les vœux d'vn cœur fi vil, font vn petit tribut,
Et fon peu de merite à caufé fon rebut.
Mais non, c'eft trop preffer vne mort fi facile,
Le refte de ce iour ne m'eft pas inutile,
Ie fçay que mon repos dépend de mon trépas,
Mais l'autheur de mon mal, precedera mes pas,
Ie fuiuray ce riual, & fur la riue noire,
Ou gifent les efprits, fans haine & fans memoire,
Le mien conferuera fa iufte auerfion
Contre ce lâche autheur de mon affliction.

SCENE TROISIESME.

LYSIDAN, DIONYS, ERANTE.

ERANTE.

O Dieux! que me dis-tu? rompons leur entre-
        prife,
Allons l'en aduertir;

LYSIDAN.

                    Ne dy mot, ie l'auife;

Depuis quand Dionys se plaist-il dans les bois?

DIONYS   le tire à part, & luy
dit à l'oreille.

Ha sers moy, cher amy, pour la derniere fois;
On a trahy mes vœux;

LYSIDAN.
O Dieux!
DIONYS.
                              Et ma maistresse
Détourne sa pitié de l'ardeur qui me presse;
Ie ne murmure pas, contre son changement,
Et ie n'accuse point son diuin iugement,
Mais i'ay moins de respect, que de laisser la vie,
Au riual, qui l'adore, & qui me l'a rauie.

LYSIDAN.
Et quel est ce riual?

DIONYS.
                    Celuy, qui suit ses pas,
Qui l'esloigne de nous, & ne la quitte pas.
Cours, appelle en mon nom ce tyran de ma ioye,
Et qu'il ne souffre pas, que Madame le voye
Autrement ie ne puis accomplir mon dessein,
Elle diuertira ce combat incertain.
Vn secret importan, adorable merueille,
M'oblige à luy tenir ces deux mots à l'oreille,
Et doit faire excuser mon inciuilité.

Il viét
à Erate

                    M iij

LYSIDAN. en riant.

Imitez ses mespris, & la legereté,
Elle vous à flatté d'vne trop longue attente,
Et rien n'excuse plus cette belle inconstante.

DIONYS.

N'offence point cruel ce miracle d'amour,
Afflige moy plutost de la perte du iour,
Ie ne dois expliquer son amour ny sa hayne,
Elle peut m'ordonner, ou le prix, ou la peine,
Qu'elle rende mes vœux, ou vains, ou satisfaits,
Elle ne peut faillir, & ne faillit iamais;
Helas, m'est elle deuë? & la crois-tu coupable,
Quand elle m'oste vn bien, dont ie suis incapable?
Les Dieux, qui de leur estre ont formé ses appas,
Donnent souuent des biens, & ne les laissent pas,
Ie ne l'appelle point ingrate, ny pariure,
Ie l'acquis sans merite, & la perds sans iniure.

ERANTE.

Dieux! qui ne priseroit ces respects infinis,
Que loin de vous Monsieur tous soupçons soient ban- (nis,
Aymez-la seulement, autant qu'elle vous ayme,
Ie viens pour vous tirer de cette peine extréme,
Ie plains vostre douleur, & cognois qu'en effet,
Ie trauersois iadis vn amant trop parfaict.
Cét agreable objet dont ma sœur est atteinte
Est fille comme nous, & leur flamme vne feinte.

Elles ont proposé ce diuertiſſement,
Pour éprouuer l'ardeur d'vn ſi fidelle amant.

LYSIDAN.

R'anime cher amy, ta premiere eſperance,
Et te repoſe en moy d'vne ferme aſſeurance,
Elle t'ayme touſiours, mais eſcoute comment
I'appris, ce qu'elle a creu tramer ſecretement;
Eraſte qui bruſloit d'vne ſi viue flame,
Nous ſuiuant en ces lieux, pour te rauir ta Dame,
A rencontré l'objeƈt de ſon premier tourment,
Qu'il a bien recogneu ſous ce faux veſtement,
Il luy baiſe les mains, l'honore, la careſſe,
L'appelle par les noms de belle, & de maiſtreſſe,
La voit d'vn œil charmé, benit cét heureux iour,
Et n'importune plus l'objeƈt de ton amour :
Il a meſme auoüé, que ta Dame l'eſt deuë,
Sous ces eſpais rameaux i'ay ſa voix entenduë,
Et i'ay veu d'aſſez pres les chaſtes priuautez
Dont il s'entretenoit auec ces deux beautez,
Enfin, (leur a-t'il dit), l'amour & la iuſtice
Veulent qu'à mon riual ie rende vn bon office,
Il deura ſon repos au ſoucy que ie prends
Et ie vais implorer l'adueu de vos parens;
Il part, & là deſſus, ces filles reſioüies,
Proposent de gauſſer, ie les ay bien ouyes,
Ayant ſçeu leur deſſein ie les laiſſe partir,

AMELIE.

Et ie ne te cherchois que pour t'en aduertir.

DIONYS.

O Dieux! te dois-ie croire?

LYSIDAN.

     Ha! ce soupçon m'irrite;

DIONYS.

O discours qui me charme, & qui me ressuscite!
Qu'apropos cher amy, tu me viens obliger;
Et que tu m'as tiré d'un extréme danger.

ERANTE.

Monsieur, que d'une feinte, une feinte vous vange
Tesmoignes de m'aymer, & d'imiter son change
Lors son ressentiment prouuera son amour,
Et nous aurons suiect de rire à nostre tour.

LYSIDAN.

Ce dessein est plaisant:

DIONYS.

     Ouy, mais la mettre en peine,
C'est estre criminel, & meriter sa haine.

ERANTE.

Ne me refusez point ce diuertissement,
Ie me charge de tout, feignez bien seulement.

         SCENE

SCENE QVATRIESME.

AMELIE, CLORIS, DIONYS, LYSIDAN. ERANTE.

AMELIE.

TV veux de mon amour vne preuue inutile,
Vn fauorable hymen peut t'en procurer mille,
Nous deuons auancer cette heureuse vnion,
Si tu ioins ton aduis à mon opinion.

CLORIS.

Ce supreme bon-heur, est le seul ou i'aspire,
L'affaire est d'importance, & differe empire. •

AMELIE.

Tous respects à mes yeux se sont esuanouis;

ERANTE.

Si bien;

AMELIE.

Dieux parlons bas.

ERANTE.

Ie vous ay bien ouys;
Mais ne contraignez point vostre ardeur amoureuse,
Dionys est heureux, si vous estes heureuse
Vn plus beau nœud succede, à son premier lien,

N

Et voftre changement authorife le fien.

DIONYS.

Madame, que le Ciel s'oppofe à mon enuie,
Si i'auois propofé de changer de ma vie ;
Et fi ie ne voyois d'vn œil indifferent
Cette diuine Erante, à qui mon cœur fe rend :
Vos rigueurs ont trouué ma conftance inuincible,
Mais vous m'offencez plus volage, qu'infenfible :
Et ie redoutois moins, lors que ie fus atteint,
De conftantes froideurs, qu'vn brafier qui s'éteint :
Ie n'ay point murmuré, le refpect qui me refte,
M'a faict fouffrir fans plainte vn tort fi manifefte,
Mais ne vous blafmant point, ie vous peux imiter,
Vn de fes deux effets ne fe peut euiter,
Ie change comme vous, & fans peur qu'on m'accufe,
On a droit de reprendre vn prefent qu'on refufe,
Je ne m'oppofe point à vos profperitez,
Vn autre a bien voulu ce que vous reiettez,
A mes chaftes deffeins, Lyfidan cede Erante,
De qui l'affection m'eft affez apparente,

AMELIE.

Et bien viuez content.

ERANTE.

　　　　　　　　Enfin i'ay le fecours
Que ie n'efperois pas à mes chaftes amours ;
Dieux la rare faueur, & l'extreme affiftance,
Que ma fidelité doit à voftre inconftance.

AMELIE

Dionys vaut beaucoup, mais vn plus beau vaincueur,
A la gloire ma sœur, de luy rauir mon cœur:
I'obeys au destin qui change mon martyre,
Et sans election, ie suy, ce qui m'attire;

DIONYS.

Donc il faut à l'enuy benir ce changement;
Il ne me reste pas vn regret seulement,
Mon cœur ne sent plus rien de ses premieres peines,
Et vous n'y verriés pas les marques de ses chesnes:
Tous ses feux sont éteints, & i'ay tout oublié,
Sinon le seul dessein de vous estre allié,
Vous ne vous plaindrez point, de mon humeur jalouse,
Et vous me plairez, sœur, autant, & plus, qu'espouse.

AMELIE,

Va traistre, indigne obiet, d'vne amitié si rare,
Le tyran de mes maux, insensible barbare,
Qui fausses des serments, repetez si souuent,
Cœur sans cesse agité, foible iouët du vent,
Adore qui te plaist, offence moy sans crainte,
Et treuue ton excuse en cette vaine feinte,
Ingrat, voy moy pousser des souspirs superflus,
Sois vain de mes douleurs, & ne me parle plus,
Mais quoy? ie ne tiens pas sa perte fauorable?
Ie regrette vn amant si peu considerable.
I'abandonne mon cœur à d'aueugles douleurs;
Et ie pleure vn suiet indigne de mes pleurs?

N ij

Non non, ie parois lâche, alors que ie m'afflige,
Ie gaigne en te perdant, & ta haine m'oblige,
I'ay honte seulement des maux que i'ay soufferts,
Et ie prefere ingrat ma franchise à tes fers,
Adieu, fay vanité de ma peine passee,
Mais ne me voy iamais, horreur de ma pensee.

DYONIS à Erante.

Ie n'en esperois pas un traittement plus doux,
Conseillere imprudente, à quoy m'obligez vous,
Helas! belle Amelie, adorable maistresse,
Accordez un moment au regret qui me presse,
I'ay feint par leur aduis cette infidelité,
Et ie suis innocent de tant de lâcheté;
Alors que ie perdray cette ardeur sans seconde
Le soleil cessera d'illuminer le monde
On verra des appas égaux à vos attraits,
Et cette égalité ne se verra iamais.

AMELIE.

O Dieux!

ERANTE.
Le doux plaisir?

DIONYS.
                    Belle ame de ma vie,
Helas! la croyez vous? sous vne autre asseruie,
Diuin charme des cœurs.

AMELIE,   le baisant.
                    Ha pardon mon soucy;

lle en eut ller.
l la etiēt.

DIONYS.

Offencez moy souuent, & m'appaisez ainsi;

ERANTE,

J'ay pris à vos despens, cette ioye infinie:
Les trompeurs sont trompez, et la feinte punie,
Ne donnez plus d'ombrage à cét esprit ialoux,
Caressant vn obiet, qui ne peut rien pour vous.
Ne vous consommez point d'vne inutile flame,
Consentez au repos d'Eraste, & de Madame.
Le voicy qui reuient.

SCENE CINQVIESME.

ERASTE, AMELIE,

ERANTE, CLORIS,

DIONYS, LYSIDAN,

ERASTE.

I'Ay gaigné son esprit,
Il s'accorde à vos vœux, consultez cét écrit;

AMELIE.

Dieux! l'effect nompareil d'vn genereux courage!
Que ce riual, Monsieur, vous doit rendre d'hommage!

Contenu de la lettre.

Elle
lit.

PVis qu'Eraſte vous laiſſe, & retrouue les
  charmes,
Qui iadis toucherent ſon cœur ;
Soyez, toute à voſtre vaincueur,
Et venez eſſuyer mes larmes.

Admirez ſon pouuoir, ie fais ce qu'il m'ordonne
Il obtient ce conſentement
Et cét officieux amant
N'ayant pû vous auoir, vous donne.

        CLEANTE.

AMELIE   continuë.

Il faut reſter ingrate à ces rares bontez
Rien ne peut égaler, ce que vous meritez.

DIONYS.

Adorable riual, de quel humble ſeruice
Puis-ie récompenſer, ce fauorable office,
Que ce iour pour iamais, borne nos differens,
Accorde cette grace aux vœux que ie te rends.

ERASTE.

Mais oubliez plutoſt les ardeurs importunes,
Qui m'ont fait ſi long temps, trauerſer vos fortunes.
Cloriſa diſſipé ces malheurs infinis
Et procure Amelie aux vœux de Dionys :
Eraſte à Lyſidan, vn triple nœud nous lie.

SCENE DERNIERE.

EMILLE LE VALET, DIONYS, AMELIE, LYSIDAN, ERANTE, ERASTE, CLORIS.

ERASTE continuë.

Mais Emille vous cherche, admirons sa folie,
Il repaist son esprit de mille vains combats,
Et pour moins que son ombre, il met les armes bas.

EMILLE.

Son trépas, va prouuer ma valeur sans seconde,
Il doit plus de respect à la terreur du monde,
Que de considerer vn obiet qui luy plaist.

LE VALET.

Prononcez de sa mort l'irreuocable arrest,

EMILLE.

Il mourra, ie le iure;

LE VALET.

Ouy, mais de quelle sorte;

EMILLE.

Par ce bras indompté,

AMELIE.

LE VALET.

Si ce deſſein n'auorte.

EMILLE.

Et qui peut diuertir mes reſolutions,
Puis-ie ſouffrir remiſe, ou compoſitions.
Ay-ie fait quelquefois vne entrepriſe vaine,
I'entreprends iuſtement, & i'acheue ſans peine)
La mort me plairoit plus qu'vne honteuſe paix,
Ce cœur eſt vn rocher qu'on n'ébranſle iamàis.

LE VALET.

Des lyons quelquefois, ont forcé leur courage
Et des ſouſmiſſions ont appaiſé leur rage.

EMILLE.

Ie fay grace à beaucoup, i'y treuue des appas,
Mais ie la ſçay donner, & ne la perdre pas,
En des occaſions les vengeances ſont belles,
Et l'on voit quelquefois des pitiez criminelles:
Nous cherchons vn riual indigne de pardon,
Et la meſme pitié luy dénieroit ce don.
Auançons ie le voy:

LE VALET.

La partie inegale,

Faict qu'vn ſoudain glaçon dans le cœur me deuale,
Ils ſont trois contre deux;

EMILLE.

Ha lâche, ſuy mes pas;

DIONYS.

DIONYS.

Où va vostre grandeur?

EMILLE.

T'annoncer le trépas!
Tu n'as pas deu, perfide, apres tant d'insolence,
Vne seconde fois choquer ma patience,
Ie doy mon assistance, à cét objet d'amour,
Et son enleuement te coustera le iour.

DIONYS.

Ne differe donc point,

EMILLE.

Atten

DIONYS.

Tu delibere,

EMILLE.

Ie songe, que la mort finiroit tes miseres,
Que mon auersion me nuit, & me vengeant,
Que ie t'obligerois en te desobligeant,
Et que ie te punis, en te laissant la vie
Mieux, que si par ce bras, elle t'estoit rauie;
Va, ie suis satisfaict.

DIONYS.

Que de presomption?

EMILLE.

Et vous diuin obiet de mon affection,
Quand prononceres vous.

O

AMELIE.

DIONYS le tirant d'aupres Amelie.

Sors d'icy lâche, infame,
Eſt tu ſi vain encor, que d'aborder Madame?
Indigne ſeulement d'entendre ſes refus,
Ne me replique pas, ſors, ou tu ne vis plus.

EMILLE.

Dieux! le plaiſant courroux, dõt ſon ame eſt atteinte,
Il ne peut diſcerner le vray, d'auec la feinte;
Voila, comme ſouuent, on ne croit qu'a demy
Son plus cher ſeruiteur, & ſon meilleur amy.
T'ayant iuré cent fois vne ardeur eternelle,
Dois-tu m'attribuer le tiltre d'infidelle,
Ie vy touſiours égal, touſiours en même point,
Ce que i'ay proposé, ne ſe reuoque point,
Et ie faignois ainſi, pour ſonder la croyance
Que tu dois conſeruer, de ma perſeuerance;
Ie ne m'oppoſe point, au bon-heur qui t'eſt deu,
Poſſedant cét objet, ie te l'aurois rendu,
En faueur du beau feu qui t'a l'ame enflammee,
Ie la dégagerois du milieu d'vne armee:
Ie romprois des priſons, ie l'oſterois des fers
Et ie la tirerois du profond des enfers.

DIONYS.

Comme vn foible moyen, rabat ſon arrogance,
à Ame lie. Adieu, fay rire ailleurs, de ton extrauagance.
C'eſt trop perdre de temps, à l'entretien des fous,

Valence offre à nos vœux des passe-temps plus doux,
Allons y celebrer ces heureux hymenees,
Qui de biens infinis vont combler nos annees.

AMELIE à Emille.

Adieu terreur du monde;

LYSIDAN,

Adieu race des Dieux!

ERANTE,

Adieu diuin charmeur des ames & des yeux.

ERASTE.

Adieu le plus vaillant de la terre & de l'onde

CLORIS.

Adieu le plus grand fou qui soit en tout le monde.

LE VALET.

Elle
sort.

Nous voila grands seigneurs

EMILLE.

Suy les, atteind ses gens
Ma vengeance dépend de tes pas diligens:
Ie veux pour contenter la fureur qui m'enflame,
Voir à ses lâches cœurs vomir le sang & l'ame:
Ie les combatray seul, arreste toutefois,
Ie dois plus noblement employer mes exploits.
Vne si mesprisable & facile victoire,
Effaceroit mon nom & terniroit ma gloire:
Quelque dessein qu'ils ayent d'exercer mon courroux,
Ils n'auront pas l'honneur de mourir de mes coups.

O ij

LE VALET.

Que vos bras sont puissants & nos exploits super-
  bes,
Que de vaincus à bas, que de corps sur les herbes:
C'est trop fait pour vn coup, allons parmy les pots
Apres tant de trauail prends vn peu de repos.

FIN.

www.ingramcontent.com/pod-product-compliance
Lightning Source LLC
Chambersburg PA
CBHW052131090426
42741CB00009B/2044